우리 아이를 돋보이게 하는 옷
드레스 만들기

우리 아이를 돋보이게 하는 옷
드레스 만들기

2015. 11. 2. 1판 1쇄 인쇄
2015. 11. 10. 1판 1쇄 발행

지은이 | 장문희
펴낸이 | 이종춘
펴낸곳 | BM 성안당

주소 | 121-838 서울시 마포구 양화로 127 첨단빌딩 5층(출판기획 R&D 센터)
　　　 413-120 경기도 파주시 문발로 112(제작 및 물류)
전화 | 02) 3142-0036
　　　 031) 950-6300
팩스 | 031) 955-0510
등록 | 1973.2.1 제13-12호
출판사 홈페이지 | www.cyber.co.kr
ISBN | 978-89-315-7891-1 (13590)
정가 | 16,800원

저자와의
협의하에
인지생략

이 책을 만든 사람들
책임 | 최옥현
진행 | 염병문
본문 · 표지 디자인 | 상想 company
홍보 | 전지혜
국제부 | 이선민, 조혜란, 신미성, 김필호
마케팅 | 구본철, 차정욱, 나진호, 이동후, 강호묵
제작 | 김유석

이 책의 어느 부분도 저작권자나 BM 성안당 발행인의 승인 문서 없이 일부 또는 전부를 사진 복사나 디스크 복사 및 기타 정보 재생 시스템을 비롯하여 현재 알려지거나 향후 발명될 어떤 전기적, 기계적 또는 다른 수단을 통해 복사하거나 재생하거나 이용할 수 없음.

※ 잘못된 책은 바꾸어 드립니다.
※ 책에 수록된 아이템이나 패턴을 이용해 상품화할 수 없으며 DIY 콘테스트 출품이나 공방, 문화센터 등 수업에 이용할 수 없습니다.

우리 아이를 돋보이게 하는 옷
드레스 만들기

장문희 지음

 PROLOGUE

여자에게 있어 결혼이란 단어를 생각하면 제일 먼저 웨딩드레스를 떠올릴 만큼 드레스란 특별함을 상징하는 꿈입니다. 필자 역시 드레스를 만들고 싶다는 꿈을 가지고 의류학과를 선택한 지난날이 떠오릅니다.

그 후 지금껏 한길만을 걸으며 양재를 비롯하여 홈패션, 드레스, 한복 등 패션과 관련하여 다양한 분야에서 강의한 지 10여 년이 훌쩍 넘었습니다.

그중 아동복 제작 수업은 내 아이를 위해 만들었다는 것만으로 완성도에 상관없이 수강한 분들의 만족도가 가장 높았고 딸을 가진 엄마라면 한 번쯤 아이의 드레스를 만들길 희망하곤 했습니다.

필자 또한 내 디자인으로 드레스를 만들어 딸의 백일과 첫돌을 축하하기 위해 옷을 만들면서 "이래서 행복하구나" 하는 생각을 했던 기억이 납니다.

대부분 여자아이들이 공주를 꿈꾸고 그런 아이들에게 드레스는 공주를 상징하는 특별함입니다. 그러므로 생일이나 발표회 등 특별한 날 엄마가 만들어 선물해 주는 것은 단순히 옷이 아닌 우리 아이에게 꿈을 전해주는 것이 아닐까 생각해 봅니다. 그래서 그런 행복함을 전해드리고 싶어 유·아동 드레스에 관한 책을 집필하게 되었고, 어렵지 않게 응용할 수 있는 드레스 아이템과 소품을 서툴고 자신감이 없어도 누구나 쉽게 만들 수 있도록 노력했습니다.

필자에게 멋진 재능을 물려주신 사랑하는 엄마와 필자가 만들어주는 옷이 최고라고 엄지손가락을 척 들어주는 예쁜 나의 딸 나연이, 필자가 하는 일들을 지원하고 응원해주는 든든한 나의 남편 운호 씨…

그리고 꿈을 담아 책을 펼 수 있도록 도와주신 성안당 식구분들께도 감사드립니다.

2015년 8월

CONTNTS

Part 1
Style gallery...
•
008

화이트 드레스   금빛 벌룬 드레스   발레리나 드레스
10 • how to make 072   12 • how to make 076   14 • how to make 082

털 망토   화동 드레스   캉캉 드레스
16 • how to make 085   18 • how to make 087   20 • how to make 091

모자형 보닛   연주복 드레스   레이스 드레스
22 • how to make 095   24 • how to make 099   26 • how to make 104

Part 2
Basic rules for making...
•
048

바느질 전 알아두기 1. 봉제 도구 및 부자재 /
2. 제도 부호 / 3. 기본 바느질 용어 /
4. 옷을 만드는 과정 / 5. 우리 아이옷 만들기
손바느질법 1. 손 바늘 실 매듭짓기 /
2. 공그르기 / 3. 버튼홀 스티치 / 4. 실표 뜨기
기본 봉제법 1. 말아박기 / 2. 주름 잡기 /
3. 통솔 박음질 / 4. 콘솔 지퍼 달기 / 5. 리본 만들기 /
6. 리본 만들기 – 공그르기 / 7. 요요 만들기

레이스 케이프   화이트 벌룬 드레스   벨벳 드레스
28 • how to make 108   30 • how to make 110   32 • how to make 115

할로윈 드레스 I
34 • how to make 121

할로윈 드레스 II
36 • how to make 126

레드 드레스
38 • how to make 131

Part 3
How to make style...
•
070

레드 볼레로
40 • how to make 136

머리띠형 보닛
42 • how to make 139

남아 조끼
44 • how to make 144

남아 복대
46 • how to make 148

남아 보우 타이
how to make 151

Part 4
For a special day...
•
142

엄마 드레스
how to make 154

남아 바지
how to make 159

아빠 조끼
how to make 162

Part 1

Style gallery...

화이트 드레스

HOW TO p.072

깔끔하고 심플한 드레스.
원단의 재질과 스커트 길이를 조절하여 평상시 원피스로도 활용 가능하다.
허리띠 색을 달리하여 분위기를 바꿔보자.

금빛 벌룬 드레스

금빛 원단에 펄망사, 벌룬 형태로 한껏 부풀린 스커트.
특별한 날 우리 아이를 돋보이고 싶을 때 제작해 보자.

HOW TO p. 076

발레리나 드레스

서 있을 때 보다 앉아 있을 때 더 멋진 드레스.
불편한 지퍼 원피스가 아니라 목 부위가 유아들이
입고 벗기 편하게 제작되어 있으므로
망사의 양을 줄여 평상복으로도 활용해 보자.

HOW TO p. 082

털 망토

아이들에게 너무 귀여운 아이템.
쌀쌀한 날, 드레스 위에 망토를 걸쳐
우아하게 변신해 보자.
망토의 길이를 조절하여
또 다른 느낌으로도
연출할 수 있다.

화동 드레스

HOW TO p. 087

결혼식에서 신부만큼이나 주목 받는 화동.
여러 겹의 망사로 길이를 다르게 하여 화려하게 제작되었다.
망사의 각 층마다 색상을 달리하여 귀여운 분위기로도 만들 수 있다.

캉캉 드레스

어깨 리본으로 귀여움을 살린 드레스.
아이에게 잘 어울리는 색상의 원단이나
또는 각 층마다 다른 색상을 사용하여
무지개 느낌의 캉캉 드레스로도 제작해 보자.
어깨 리본을 추가로 만들어
엄마표 머리핀으로도 연출할 수 있다.

HOW TO p. 091

HOW TO p. 095

모자형 보닛

돌이 될 때까지 여자 아이에게 있어서는
최고의 아이템인 보닛.
입히고 싶은 드레스의 포인트 색상을
보닛 리본끈에 사용하여
다른 드레스와도 세트로 씌워보자.

연주복 드레스

옆으로 파인 보트 넥을 레이스로 화려하게 장식한 드레스.
레이스 길이를 길게 하여 망또형 소매 느낌으로도 만들 수 있다.

레이스 드레스

꽃잎 같은 튤립 소매와
레이스 원단을 사용한 드레스.
스커트 길이를 짧게 하여 귀엽게,
길이를 길게 하여
우아하게도 만들 수 있으며
레이스 원단에 따라
느낌이 달라진다.

레이스 케이프

레이스 원단으로 손쉽게 만들 수 있는 케이프.
드레스 위에 입히면 어떤 액세서리보다
화려하게 변신.
레이스 원단의 길이에 따라 느낌이 달라지니
우리 아이의 드레스에 어울리게 조절해 보자.

화이트 벌룬 드레스

플레어 스커트를 활용하여 벌룬 형태로 부풀린 드레스.
허리 부분에 주름이 들어가지 않으므로
통통한 아이에겐 날씬한 느낌을 주면서도
화려하게 연출할 수 있다.

HOW TO p. 110

벨벳 드레스

벨벳으로 우아한 긴팔 드레스를 만들어 보자.
스커트 안에 망사를 넣어 화려하게도 입혀보고,
망사가 들어가지 않도록 하여
심플한 평상복 느낌으로도 활용이 가능하다.

할로윈 드레스 I

우리 아이에게 옷으로 잊지 못할
추억 한 가지를 선물해 보는 것은 어떨까?
동화책에서 방금 나온 듯한 느낌으로
할로윈 데이에 엄마표 드레스를 만들어
아이에게 선물해 보자.

할로윈 드레스 II

우리 아이가 공주를 좋아한다면
망사가 겹겹이 들어간 화려한 드레스는 어떨까?
할로윈 데이에 드레스를 만들어 아이를 공주로 만들어 주자.
스커트에 장식된 꽃으로 헤어핀이나
헤어밴드를 만들어 세트로 연출해도 좋다.

HOW TO p. 126

레드 드레스

요요 장식으로 포인트를 준 드레스.
스커트 두 단의 재단법을 달리하여
윗단은 플레어가 많이 들어가 활짝 퍼지고,
요요 장식이 들어간 아랫단은
차분하게 떨어지도록 하였다.
요요의 크기나 개수를 달리해서도 제작해 보자.

레드 볼레로

볼레로 하나로 외출복 완성.
요요 장식으로 포인트를 주었다.
다른 드레스에도 볼레로를 제작하여 입히면
한 벌의 정장 느낌을 연출할 수 있다.

머리띠형 보닛

간편하게 착용할 수 있는
머리띠형 보닛으로, 뒤를 고무줄 처리하여
흘러내리지 않게 하였다.

HOW TO p.139

남아 조끼

흰 셔츠에 조끼 하나만으로 정장 느낌을 살릴 수 있다.
한 살 파티에 엄마표 조끼를
아빠와 세트로 입는다면 멋진 추억으로 남지 않을까?
조끼와 같은 색상의 보우타이와 함께라면
한층 더 멋스러울 것이다.

HOW TO p.144

HOW TO p. 148

ℬ 남아 복대

한여름에도 또는 겨울에도 바지 위 복대 하나만으로
파티 분위기를 연출할 수 있다.
복대와 같은 색상의 보우타이와 함께라면
더욱 더 멋스러울 것이니 당장 제작해 보자.

Part 2
Basic rules for making...

봉제 도구 및 부자재, 용어, 기호, 치수 측정과 재단법, 주의 사항 등을 미리 익혀두고 시작하면 재단 시 버려지는 원단을 줄일 수 있고 제작 순서를 쉽게 이해하여 바느질 시간을 절약할 수 있다.

바느질 전 알아두기

1. 봉제 도구 및 부자재

같은 도구라도 종류가 여러 가지이므로 한꺼번에 구입하기보다 시장에서 비교 후 나에게 맞는 것으로 구입하도록 하자.

1 북집, 북도리
북도리는 밑실용 실패 장치로 실을 끼워 북집에 넣어 사용한다. (좌-가정용, 우-공업용)

2 쪽 가위
실을 끊을 때 사용한다.

3 실 뜯개(니퍼)
실밥을 뜯거나 정리할 때 사용한다.

4 송곳
모난 곳을 정리할 때 송곳을 사용한다.

5 핀 쿠션, 시침 핀
핀 쿠션에 시침 핀이나 바늘을 꽂아둔다. 시침 핀은 재봉 시 원단이 밀리지 않도록 고정해준다.

6 손 바늘
실표 뜨기와 창구멍 정리할 때 사용한다. 손 바늘은 호수가 높을수록 작은 바늘이다.

7 콘솔 지퍼
숨은 지퍼라고도 하며, 스커트나 원피스에 사용한다.

8 재단 가위
재단 가위는 원단을 자를 때 사용한다. 종이를 자르는 가위와 원단을 자르는 가위를 구별해서 사용해야 가윗날이 상하지 않는다.

9 초크
원단 위에 패턴을 놓고 완성선을 그릴 때, 원단에 표시가 필요할 때 사용한다.

10 암홀자, 곡자, 그레이딩자
스커트 곡선이나 진동, 시접을 그릴 때 사용한다.

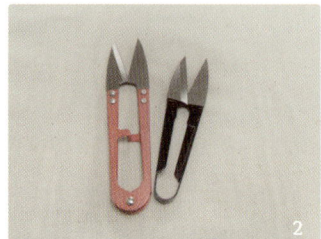
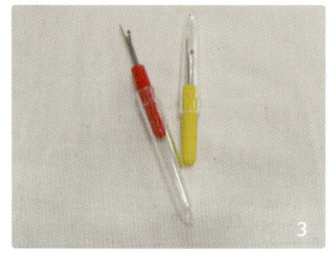
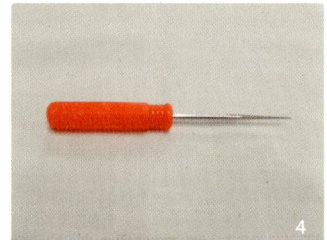

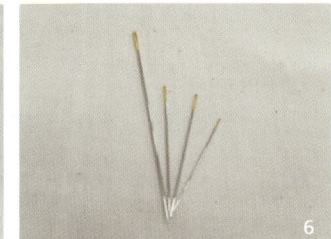
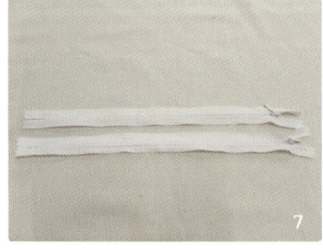
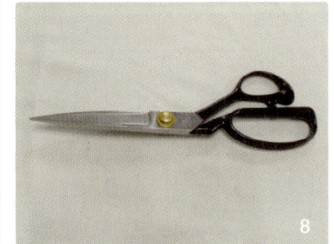

11 외노루발(지퍼노루발)
지퍼를 박음질할 때 사용한다.
(좌: 공업용, 우: 가정용)

12 스냅 단추
일명 똑딱 단추인 스냅 단추는 단추 달림을 겉으로 표시내고 싶지 않을 때 사용하며, 크기별로 다양하다.

13 왈자고리
끈 조절 시 사용한다.

14 줄자
자유자재로 구부릴 수 있어 신체 치수를 잴 때 사용한다.

15 재봉실
옷 만들 때 필요한 가장 기본적인 재료이다.

16 식서 테이프
지퍼를 달 때 늘어짐을 방지하기 위해 사용한다.

17 실크심
넓은 면적의 형태를 고정하거나 늘어짐을 방지할 때 사용한다.

18 옷핀 대
만들어진 리본 등 장식품의 탈부착을 원할 때 사용한다.

19 실표용 실
원단 위에 완성선을 표시할 때 사용한다.

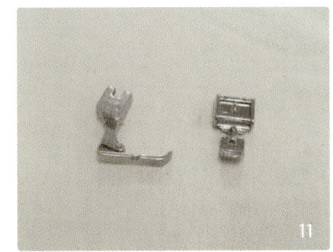

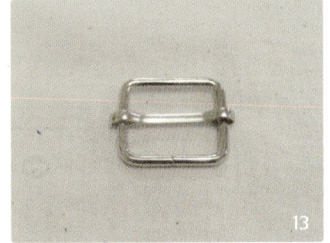

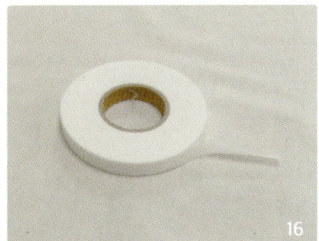
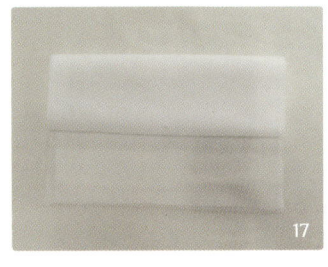
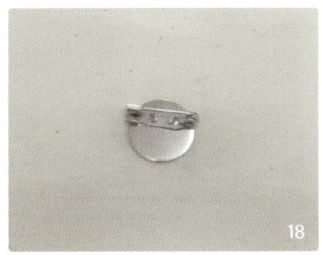

2. 제도 부호

패턴을 그리거나 재단할 때 기본적으로 알아두어야 할 제도 부호들이다. 제도와 재단 시 많이 사용하기 때문에 알아두어야 옷을 쉽게 제작할 수 있다.

완성선	———————	안단선	— - — - —	골선	— — —
등분선		직각표시		식서방향	
바이어스	✕ (화살표)	다트	▽	외주름	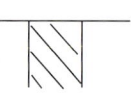
맞주름	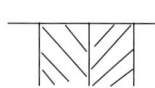	단추위치	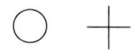	단춧구명 위치	├──┤

3. 기본 바느질 용어

1 시접
원단에 패턴의 완성선을 표시한 후 바느질하기 위해 여분을 표시하는 것이다.

2 창구멍
원단의 겉과 겉이 마주보도록 놓아 박음질한 다음 뒤집을 수 있도록 남기는 구멍을 창구멍이라 한다. 창구멍은 상침이나 공그르기로 막는다.

3 상침
겉감과 속감을 박음질한 후 속감이 들뜨지 않도록 눌러 박음질하는 것으로, 시접을 속감 쪽으로 꺾어 완성선에서 속감 쪽으로 1~2mm 안으로 들어가 바느질한다. 또는 겉감과 속감을 한꺼번에 바느질하여 장식 선으로 나타내기도 한다.

4 가위집
곡선 부위의 겉감과 속감을 박음질하여 뒤집었을 때 울지 않도록 시접을 일정 간격으로 잘라주거나 사각의 모서리 부분을 대각선으로 잘라내는 것을 가위집이라 한다. 이때 바느질한 실이 잘리지 않도록 주의한다.

4. 옷을 만드는 과정

옷을 만들기 위해서는 다음과 같은 과정으로 진행된다.

■ 제도
제도란 치수에 맞게 종이에 그리는 것으로, 이를 패턴이라고 하며 다른 말로 옷본 또는 도안이라고도 한다.

1 제작할 작품의 실물 패턴을 다른 종이나 부직포에 옮겨서 오려둔다.

2 본문에 기재된 〈실물 패턴 외 제도법〉에 나온 치수를 만들 사이즈에 맞게 종이에 그려둔다.
   * 아동 드레스에는 사각형으로 제도되는 것이 많아 직접 그릴 수 있도록 제도법에 가로, 세로의 치수를 기재했다.

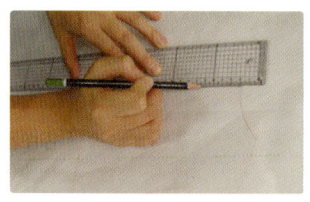 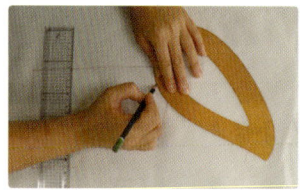  

수록된 실물 패턴을 바로 오려서 사용하지 말고 부직포나 종이에 필요한 치수의 패턴을 옮겨서 사용한다.

대부분이 사각형인 〈실물 패턴 외 제도법〉은 치수에 맞는 수치만큼 자로 종이에 그려서 사용한다.

■ 재단
재단이란 다른 말로 마름질이라도 하며 제도한 패턴에 맞게 원단을 자르는 것이다.

3 제도된 패턴을 식서로 접은 원단 안쪽 면에 초크 또는 실표 뜨기로 완성선을 표시하고 시접을 정확히 그린 다음 원단을 자르도록 한다.
   * 망사나 프릴 등 주름을 잡을 부분은 종이에 그리지 말고 세로 치수만 정확히 지켜 원단에서 바로 재단한다.

원단 안쪽면이 눈에 보이도록 식서 방향으로 반접어 패턴을 배치한 후 시접을 그린다.

[완성선을 실표 뜨기 할 경우]

실표용 실을 사용하여 패턴에 완성선을 표시한다. 실표 뜨기가 끝나면 그려둔 시접선을 따라 자른 다음 두 장의 원단을 사진처럼 분리한다.

[완성선을 초크로 표시할 경우]

 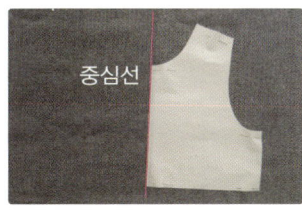  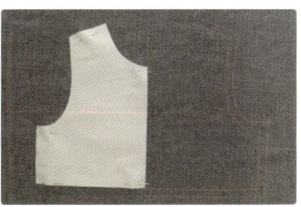

골선인 패턴은 중심선을 초크로 그린 다음 중심을 맞춰 배치하고 완성선과 시접선을 초크로 그린다. 그리고 중심을 맞춰 패턴을 반대쪽으로 뒤집은 다음 다시 한 번 그려준다.

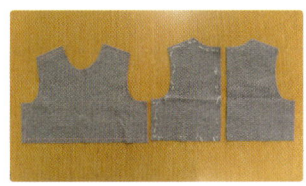

완성선을 초크로 표시한 패턴과 실표 뜨기로 표시한 패턴의 모습은 사진과 같다.
(좌: 초크 표시, 우: 실표 뜨기)

■ 제작

제작이란 재단된 원단을 바느질하여 옷으로 만들어 가는 과정이다.

4 책에 나온 순서에 따라 박음질 한다.

사이즈	80	90	100	110	120	130
지퍼길이	20	22	24~25	27~28	30~31	33~35

제작하는 사이즈에 맞게 지퍼길이를 체크하여 뒤판에 지퍼위치를 초크로 표시한다. 그리고 표시 아래 부분을 박음질한 다음 지퍼를 달도록 한다.

5. 우리 아이옷 만들기

1 우리 아이 신체 계측법

우리 아이의 신체를 계측하여 정확한 사이즈를 알면 좀 더 몸에 잘 맞게 길이와 둘레를 조금씩 수정할 수 있다.

신체 계측법

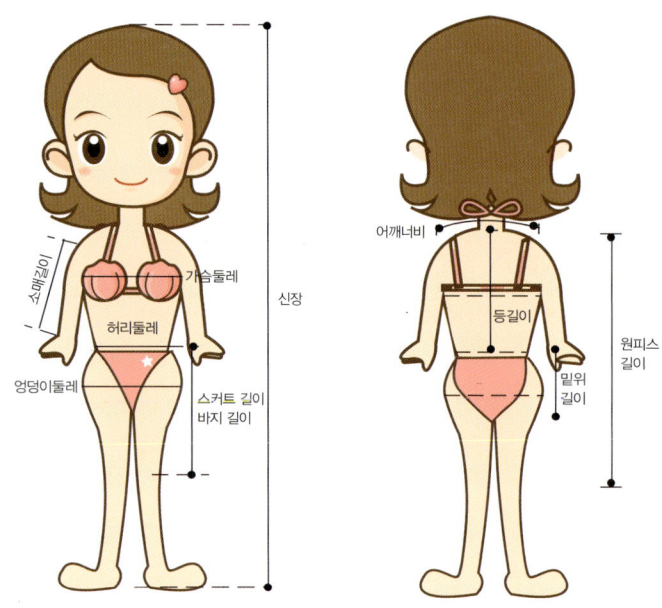

- **가슴둘레** – 가슴 부위에서 가장 굵은 부위(젖꼭지 부분)을 지나는 수평 둘레
- **허리둘레** – 앞쪽에서 보아 허리 부분에서 가장 안쪽으로 들어간 위치에서의 수평 둘레
- **엉덩이둘레** – 가장 굵은 부위(넙다리뼈의 큰돌기)를 지나는 수평 둘레
- **위팔둘레** – 팔을 자연스럽게 내린 상태에서 가장 굵은 부위의 수평 둘레
- **팔길이** – 어깨 끝점에서 팔꿈치 바깥점을 지나 손목 안쪽까지의 길이
- **어깨너비** – 좌우 어깨점 사이의 직선 거리
- **등길이** – 목뒤점에서 허리둘레선까지의 길이
- **밑위길이** – 의자에 바로 앉은 상태에서 허리선과 옆선이 만나는 점에서 의자 바닥까지의 길이

* 바지와 스커트는 허리에서부터 원하는 위치까지 옆에서 잰다.

* 원피스를 포함한 모든 상의는 목뒤점에서부터 원하는 위치까지 뒤에서 잰다.

책 제시 사이즈	신장(cm)	가슴둘레	허리둘레	엉덩이둘레	등길이	소매길이	어깨너비	밑위길이
80(백일)	60~70	44	41	43	18.5	21	20	20
90(돌)	~85	49	46	46	20	26	22	20
100	~95	52	51	56	23	31	25	21
110	~110	56	52	59	26	34	27	21
120	~120	60	54	64	28	39	30	21
130	~130	64	56	70	30	41	31	21

2 패턴 그리기(=제도)

아이들마다 키와 가슴둘레의 사이즈가 각기 다르므로 유아동 표준 신체 치수표를 참고하여 패턴을 수정할 수 있다.

- 소매가 있을 땐 반드시 몸판과 소매를 함께 늘이거나 줄인다.
- 한 패턴에서 0.5cm 이상 수정하지 않도록 한다.

1 가슴둘레를 늘이고 싶을 때

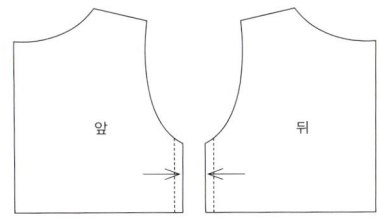

2 가슴둘레를 줄이고 싶을 때

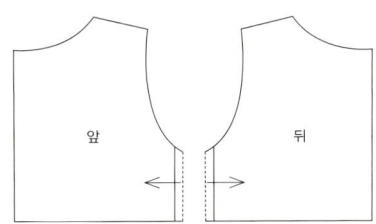

3 진동둘레를 늘이고 싶을 때

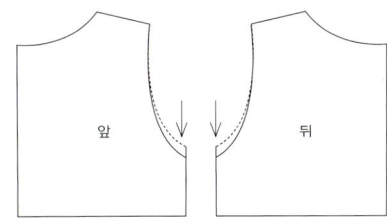

4 진동둘레를 줄이고 싶을 때

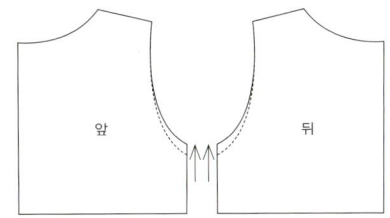

5 상의기장을 늘이고 싶을 때

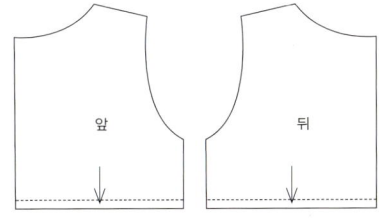

6 상의기장을 줄이고 싶을 때

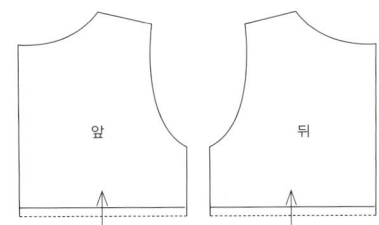

3 재단하기(=마름질)

패턴을 원단 위에 놓고 가위로 오려내는 과정이다. 일반적으로 식서 방향을 길게 반으로 접어 재단하는데 이는 원단이 항상 오른쪽과 왼쪽 2장씩 필요하기 때문이다.

1 원단 선세탁 또는 다림질 후 재단한다.

수축이 잘 되는 원단은 미리 물에 한두 시간 담갔다 여러 번 헹군 뒤 말려두고, 구김이 심한 경우 미리 다림질한 다음 재단한다.

2 원단의 안쪽에서 재단한다.

옷을 뒤집어 제작할 수 있으므로 반드시 겉과 안을 확인하도록 한다. 그리고 겉이 깨끗하게 제작될 수 있도록 모든 초크선은 원단 안쪽에 표시하도록 한다.

3 식서 방향을 지켜 필요량만큼 접어 재단한다.

식서란 원단이 제직되는 길이 방향으로, 식서 방향을 지켜야만 제작 후 옷의 뒤틀림이 적다. 아이 옷은 사이즈가 작으므로 원단 전체를 반으로 접으면 버리는 분량이 많으므로 필요량만큼 접어 사용한다.

한쪽으로 접을 경우 표시법   양쪽 모두 접을 경우 표시법

4 원단을 재단할 때

① 원단을 펼쳐 재단할 때
식서를 지켜 원단의 안쪽 면에 패턴을 올려 초크로 한쪽을 그린 후 좌우대칭으로 뒤집어 한쪽을 더 그린다.

② 원단을 접어 재단할 때
식서를 지켜 원단의 안쪽 면이 위로 보이도록 반접어 패턴을 올려 재단한다. 실표뜨기를 하면 접힌 반대편까지 한 번에 완성선 표시를 할 수 있다.

원단을 펼쳐 재단할 때

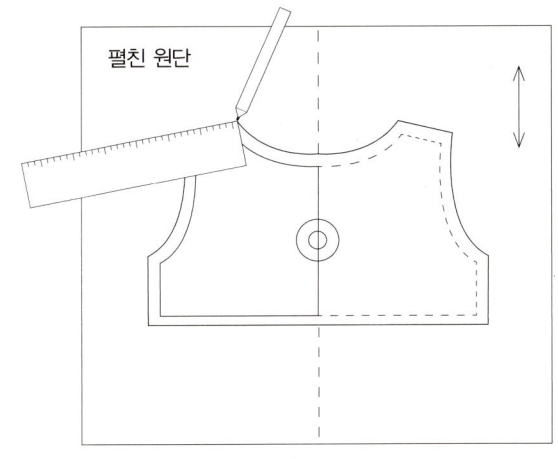

원단을 접어 재단할 때

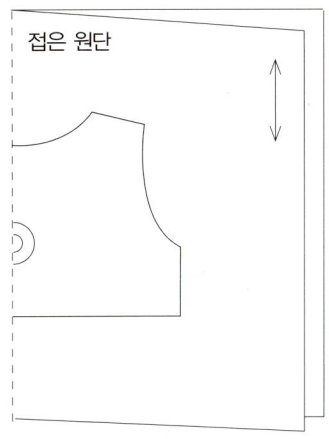

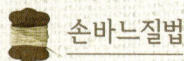 손바느질법

옷 만들기라고 하면 재봉틀 박음만 생각하기 쉽다. 그러나 끝처리나 장식 등 손바느질을 해야 마무리가 깔끔하게 되므로 익혀두도록 하자.

1. 손 바늘 실 매듭짓기

1 바늘에 실을 꿰어 사진과 같이 집게손가락 위에 실 끝을 놓고 X자 모양이 되도록 위에 바늘을 놓는다.

2 위쪽의 실을 바늘에 감싸 돌린다.

3 감싸 돌린 실을 바늘대에 고정한다.

4, 5 손으로 실을 고정하고 바늘을 위로 빼낸다.

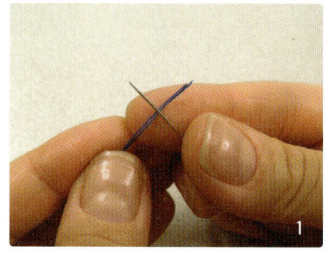
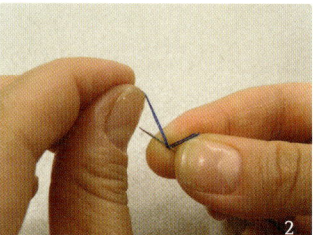
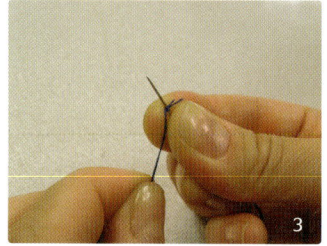
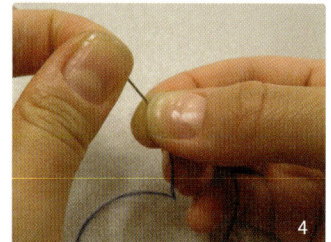
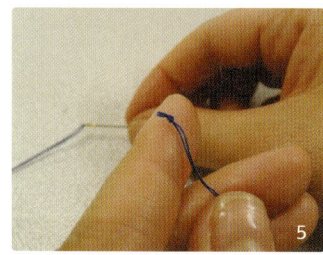

2. 공그르기

1 실 매듭이 밖으로 드러나지 않도록 안에서 바늘을 꽂는다.

2 실이 나온 바로 위쪽 원단에 바늘을 옆으로 한 땀 뜬다.

3 실이 나온 바로 아래쪽 원단에 바늘을 옆으로 한 땀 뜬다.

4 위아래 반복적으로 바느질한 실의 형태는 사진과 같다.

5 실을 당겨가며 반복적으로 바느질한다.

6 매듭을 지은 공그르기 형태는 사진과 같다.

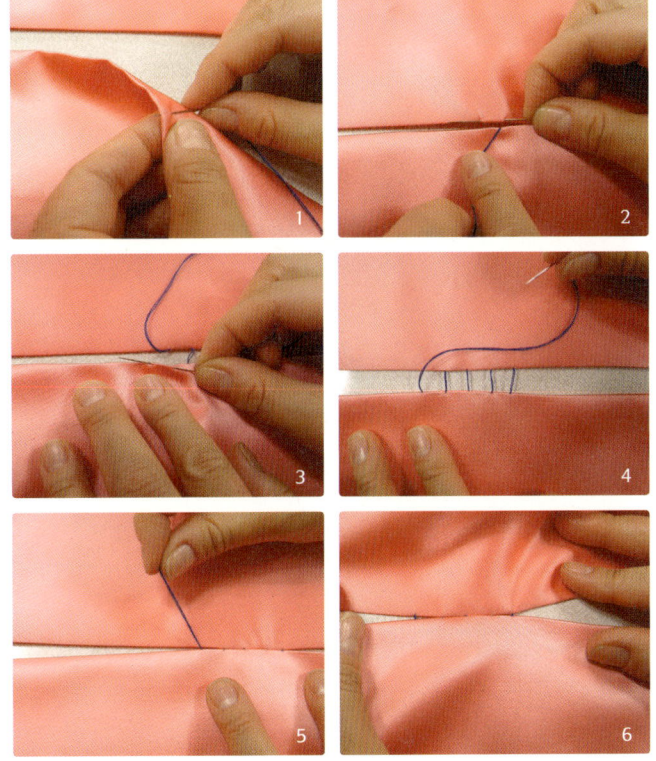

3. 버튼홀 스티치

1, 2 매듭이 단추 아래에 숨겨지도록 원단에서 단추 아래쪽으로 바늘을 꽂는다.

3 실을 시계 방향으로 바늘대에 한번 감는다.

4, 5 감은 매듭이 바깥을 향하도록 바늘을 당겨 올린다.

6 바늘은 반시계 방향으로 돌아가도록 바느질한다.

7 다른 구멍으로 넘어갈 때에는 바늘을 구멍을 향해 원단 아래쪽으로 길게 꽂는다.

8 앞의 방법을 반복한다.

9 스티치가 모두 끝나면 매듭을 짓는다.

10, 11 매듭을 지은 바로 아래쪽으로 바늘을 길게 꽂아 원단 쪽으로 짧게 실을 끊어주면 매듭된 실 끝이 원단 아래로 숨겨진다.

12 완성된 버튼홀 스티치는 사진과 같다.

4. 실표 뜨기

1 실표 뜨기할 패턴을 원단에 꽂아 손바늘로 패턴의 외곽선 따라 0.5cm 이하로 한 땀 뜬다.

2 한 땀 뜬 실은 쪽가위로 자른다.

3 3~4cm 간격으로 한 땀씩 뜬다.

> **TIP**
> 모서리 부분은 반드시 실표 뜨기하도록 한다.

4 실표 뜨기가 끝나면 시접을 초크로 그린다.

5 초크선을 따라 가위로 자른다.

6, 7 원단을 살짝 벌려서 쪽가위로 가운데 실을 잘라 2장으로 나눈다.

8 실표 뜨기를 완성한 모습은 사진과 같다.

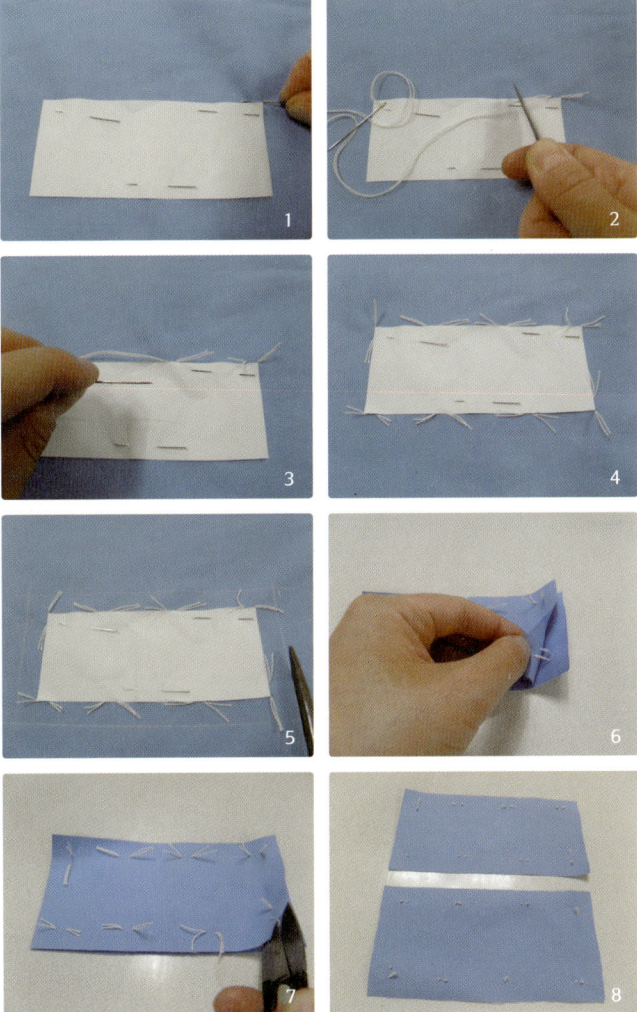

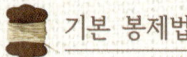

기본 봉제법

자주 사용하는 봉제법과 드레스 만들기에서 활용되는 장식 제작법을 미리 익혀두면 제작할 때 소요되는 시간과 노력을 줄일 수 있다.

1. 말아박기

말아박기 노루발이 있으나 손으로 봉제를 하면 사용될 부위에 따라 접는 양을 다르게 하여 박음 너비를 조절할 수 있다. 넓은 부위의 말아박기가 아니라면 손으로 봉제 연습 겸 박음질을 하는 것도 좋다.

1. 원단 안쪽 면에서 말아박기할 부분의 원단 끝을 손으로 최대한 얇게 접는다.
2. 끝을 바늘로 꽂아 고정한다.
3. 재봉틀로 고정한 다음 5~6cm 앞부분을 손으로 원단을 당기면서 두 번 접는다.
4. 손으로 접은 곳까지 당기면서 박은 다음 다시 재봉 바늘로 원단을 꽂아 고정한 다음 앞의 내용을 반복한다.
5, 6. 말아박기한 앞, 뒷면의 모습은 다음과 같다.

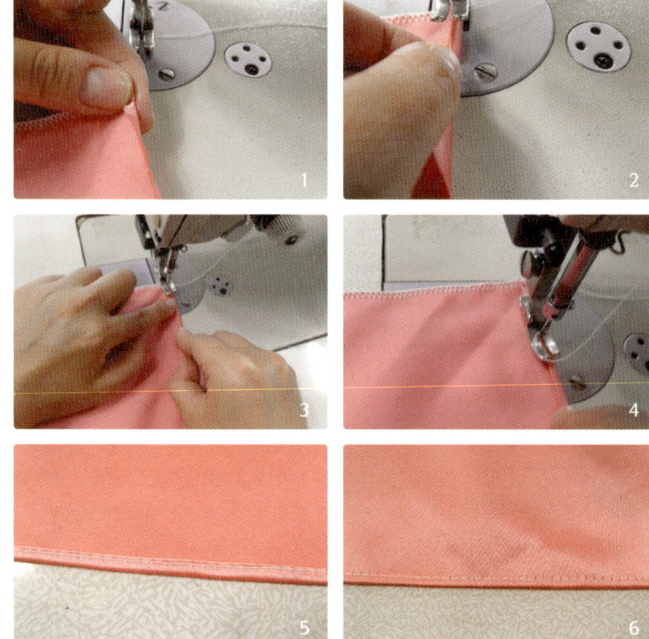

2. 주름 잡기

주름 노루발이 있으나 아래 방법으로 하면 주름의 간격과 양을 원하는 대로 조절할 수 있다.

1. 재봉기의 땀 수 다이얼을 가장 크게 돌린 다음 시접의 가운데 부분을 한 줄로 박음질한다.

   TIP 절대 되돌아 박음질하지 않는다.

2. 박음 다음 원단을 보면, 원단을 기준으로 위아래로 실 끝이 나와 있다. 이때 뒤에 실(북 알맹이 실)을 손으로 잡는다.
3. 실을 손가락에 감아서 당긴다.
4. 뒷실을 잡아당긴 주름은 움직이므로 주름의 양을 조절할 수 있다.

3. 통솔 박음질

망사, 쉬폰 등 비치는 직물의 끝을 오버로크로 처리하면 지저분해 보이므로 이때 시접을 통솔 처리한다.

1 망사 2장을 겹쳐 0.5cm 간격으로 박는다.

> **TIP**
> 원단의 겉과 안쪽의 구분이 있다면 안과 안이 마주 보도록 먼저 놓고 박는다.

2, 3 가위로 0.1~0.2cm를 다듬으면서 잘라낸다.

4 뒤집어 박음선이 맨 끝으로 가도록 한다.

5 다시 한번 0.5cm 간격으로 박는다.

6 완성된 통솔 시접은 사진과 같다.

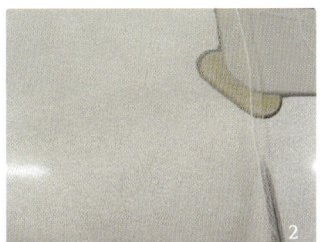
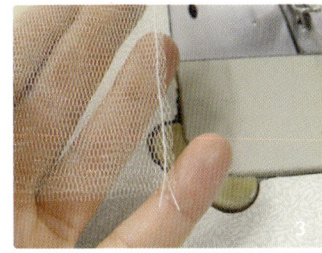

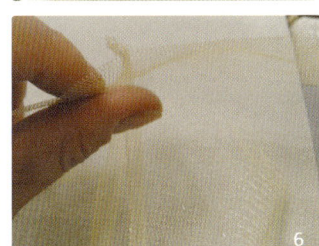

4. 콘솔 지퍼 달기

외노루발 사용 시 지퍼를 펴기 위해 다림질을 하고, 콘솔 노루발을 사용할 시 다림질을 하지 않아도 된다.

1 몸 판에서 지퍼 위치를 제외하고 박는다.

2 콘솔 지퍼의 접혀 있는 지퍼 알을 펴서 다림질한다.

3 지퍼 알 끝과 몸 판 끝이 맞도록 맞춘다.

4, 5 시접을 펴서 최대한 지퍼 안쪽으로 박는다.

> **TIP**
> 지퍼 시작점에서의 박음을 완성선 상에 반드시 맞춘다.

6, 7 지퍼 고리를 당겨 올린다.

8 위에 들어난 지퍼 시접을 안으로 접는다.

9, 10 박음질로 지퍼 시접을 고정한다.

11 콘솔 지퍼의 완성은 사진과 같다.

> **TIP**
> 지퍼가 길 경우 박음질 후 3~4cm 정도만 남기고 지퍼 아래쪽을 자른 다음 아래쪽이 벌어지지 않도록 원단으로 감싸 박는다.

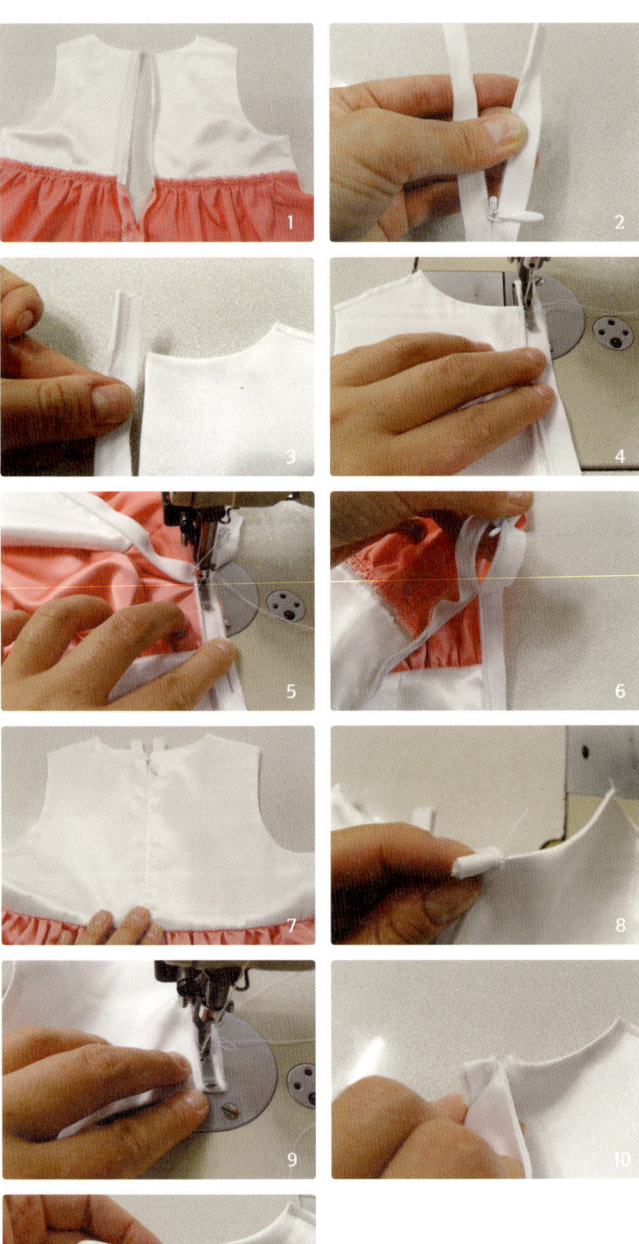

5. 리본 만들기

1 시접 없이 리본감을 재단한다.

2 리본감 B, C에만 실크심을 붙인다.

3 리본감 A를 길게 반 접어 박는다.

4 리본감 B를 사진과 같이 표시한 창구멍을 제외하고 박는다.

5 모서리 시접을 사선으로 자른다.

6 리본감 C에 사진과 같이 박음선과 창구멍을 표시한다.

7 표시된 창구멍을 제외하고 박는다.

8 시접을 0.5cm만 남기고 자른다.

9 모서리 시접도 사선으로 자른다.

10 뒤집어 다림질한다.

11 사진과 같이 리본감 B와 C를 주름 잡는다.

12 가운데를 실로 묶어 고정한다.

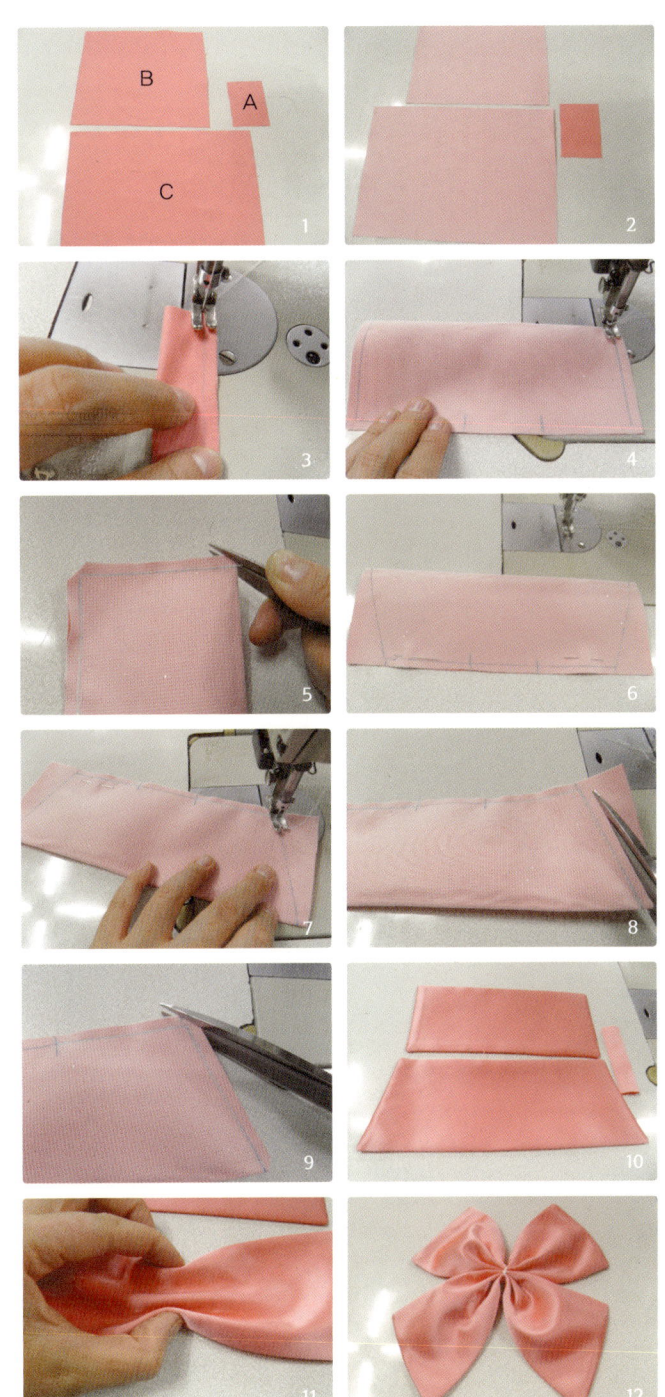

6. 리본 만들기 - 공그르기

1 실을 묶은 중심에 리본감 A를 감는다.

2 매듭이 안으로 들어가도록 바늘을 꽂는다.

3 실이 나온 바로 위쪽의 원단을 통과하도록 바늘을 옆으로 꽂는다.

4 실이 나온 바로 아래쪽의 원단을 통과하도록 바늘을 옆으로 꽂는다.

5 위의 3, 4번 과정을 반복한다.

6 실을 잡아당겨 가며 박음질한다.

7 매듭을 짓는다.

8, 9 매듭 아래로 바늘을 꽂아 길게 한 땀을 뜬다.

> **TIP**
> 손바느질할 때 마지막 매듭 후 매듭 아래로 길게 한 땀을 뜨고 실을 자르면 실 끝이 원단 사이에 숨겨진다.

7. 요요 만들기

1 재단한 원의 가장자리를 오버로크 처리한다.

> **TIP**
> 같은 색 실로 오버로크 처리를 하면 완성품이 깔끔하다.

2 가장 큰 땀수로 되돌아 박기를 하지 않고 오버로크 아래선을 박는다.

3 요요 크기로 오린 빳빳한 종이를 가운데 넣는다.

4, 5 북도리 밑실을 당겨 형태를 잡은 다음 종이를 꺼낸다.

6 당겨진 실에 바늘을 끼운다.

7, 8 바늘에 구슬을 끼워 구슬이 가운데 고정되도록 바느질한다.

9 매듭을 뒤에서 짓는다.

10 완성된 요요는 사진과 같다.

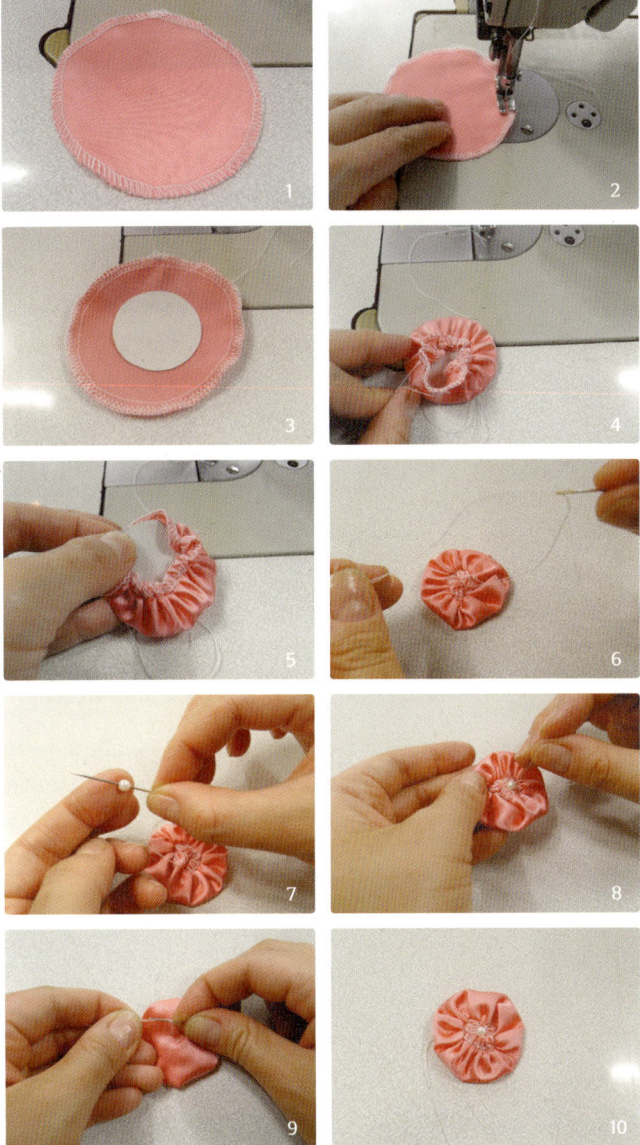

Part 3

How to make style...

화이트 드레스

필요한 재료	110cm 폭 원단 1.5마, 망사 1마, 110cm 폭 배색 원단 1/2마(실물 크기의 패턴 활용), 콘솔 지퍼, 핀대, 실크심
키	90, 100, 110, 120, 130
재단하기	❶ 옷감을 식서 방향으로 반 접어 패턴을 그림처럼 놓는다. ❷ 초크(또는 실표 뜨기)로 패턴을 그린 후 재단한다. ❸ 허리띠 부분에 주름을 표시한다. ❹ 리본감은 시접 없이, 망사감은 아래만 시접 없이 재단한다. 나머지 시접은 1cm로 한다. ❺ 실물 패턴에서 상의 A, 화이트 드레스 스커트, 뒷 리본 A, B, C를 사용한다.

* 지퍼는 사이즈별로(90~130) 지퍼 길이를 22, 25, 28, 31, 35cm로 하여 봉제 시 뒤판에 표시한 다음 지퍼를 달자.

제도법(실물 패턴 외 제도법)

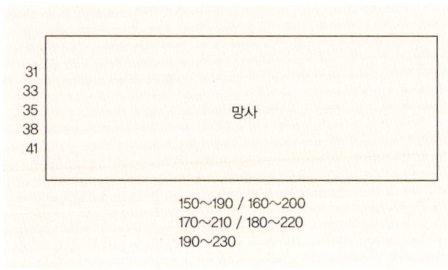

TIP 망사 너비는 상의의 허리둘레에 2.5~3배가 되도록 한다.

재단

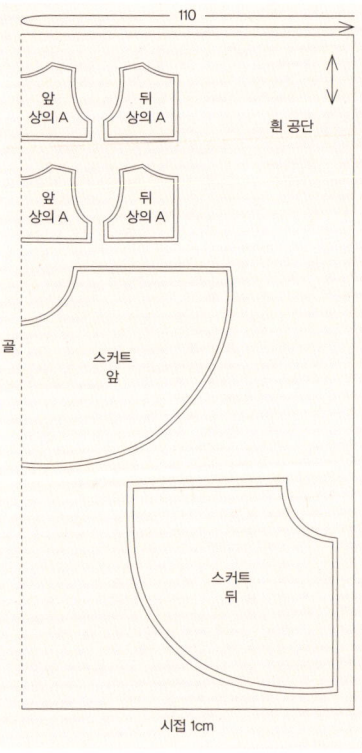

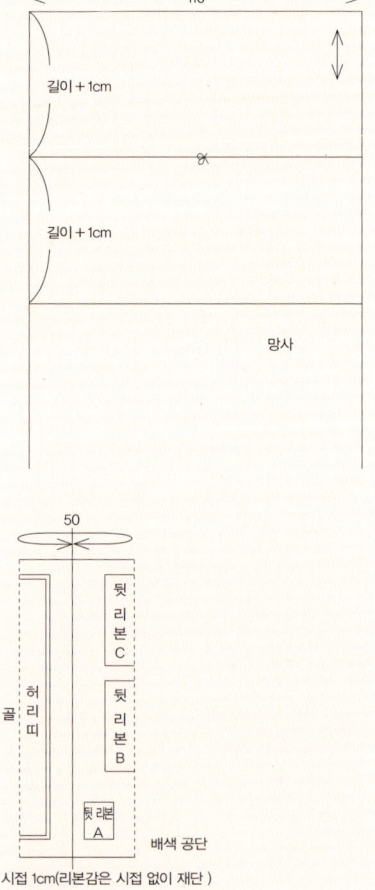

TIP 망사는 길이가 길기 때문에 원단에서 바로 재단한다. 망사는 '세로 길이+1cm'로 필요한 만큼 여러 번 재단한다.

몸판 만들기

  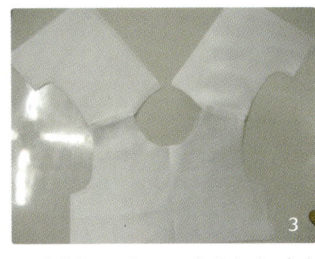

1, 2 두 번씩 재단한 앞, 뒤판 어깨를 겉과 겉끼리 마주 대고 박는다.

3 시접을 오버로크 처리한 후 하나는 시접을 뒤판을 향해 다림질하고 다른 하나의 시접은 앞판을 향해 다림질한다.

4 어깨만 박음질한 몸판 2장을 서로 겉과 겉끼리 마주 대고 목둘레를 완성선 따라 박는다.

5 시접을 0.5cm만 남기고 자른다.

6 진동 부위의 곡선을 박은 다음 시접을 0.5cm 남기고 자른다.

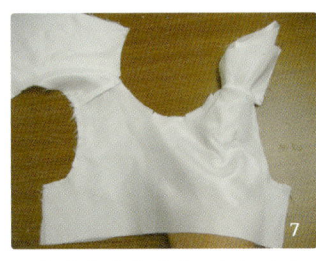 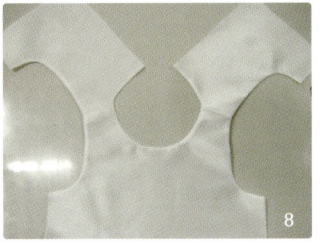 

7, 8 앞판 어깨 사이로 손을 넣어 뒤판을 뒤집어 내어 다림질한다.

9, 10 앞, 뒤판의 옆선을 맞추어 속감의 옆선을 잡아 겉감의 옆선을 위로 올려준 다음, 겨드랑점을 잘 맞추어 완성선을 따라 옆선을 박음질한다.

> **패턴 활용법**
>
> 실물 패턴의 스커트 밑단 모양에서 평행이 되도록 길이를 짧게 또는 길게 하여 재단하면 드레스 총 길이를 조절할 수 있다. 이때 망사 길이도 함께 같은 치수로 줄이거나 늘이도록 한다.

스커트 만들기

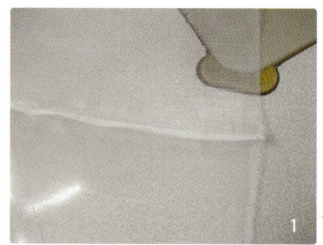

1 망사는 통솔로 옆선을 연결한다.

2 공단 스커트의 옆선을 박음질한 후 오버로크 처리하여 시접이 뒤로 향하게 다림질한다.

3, 4 망사는 주름을 잡아 공단 겉 위에 망사 겉이 보이도록 올려 허리 부분을 박음질하여 고정시킨다.

5 만들어 둔 몸판과 치마를 겉과 겉끼리 마주 내고 완성선을 따라 박음질한다.

6 스커트 밑단은 0.5cm씩 두 번 접어 박음질한다.

허리띠 만들기

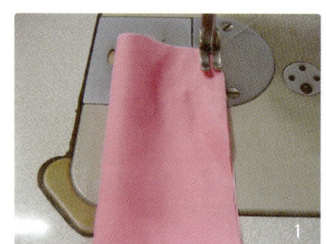
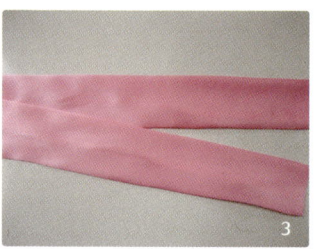

1, 2 재단한 허리띠 원단을 겉끼리 마주 대고 길게 박음질하여 뒤집는다.

3, 4 다림질한 다음 허리띠 주름 부분을 한쪽으로 접고 옆선 부분이 고정되도록 박는다.

5, 6 허리띠를 드레스 양 옆선에 맞춰 고정하고 박음질 위를 한 번 더 박는다.

7 원피스의 뒤판을 겉과 겉끼리 마주 대고 지퍼 위치를 남긴 다음 박음질한다.

8 콘솔 지퍼를 달아준다.

리본 만들기

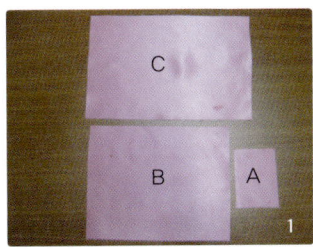  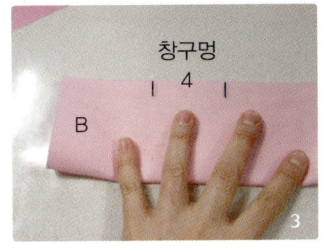

1 리본감을 재단한 다음 원단 안쪽 면 전체에 실크심을 붙인다.

2 A부터 겉과 겉이 마주 보게 길게 접은 다음 0.5cm로 박음질한다.

3 B는 길게 접어 사진처럼 가운데 창구멍을 4cm 표시해 둔다.

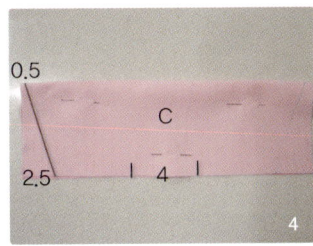  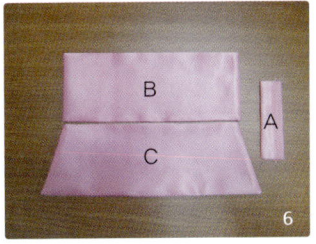

4 C는 사진처럼 가운데 창구멍을 4cm, 양 옆을 사선으로 표시한다.

5 창구멍을 제외하고 0.5cm로 박음질한다(C는 사선으로 표시한 대로 박음질한다.).

6 창구멍으로 뒤집어 다림질한 다음 공그르기로 막는다.

7 사진과 같이 3등분하여 B와 C를 접어준다.

8 고정하기 위해 실로 묶는다.

9, 10 실로 고정한 리본 가운데를 A로 둘러 공그르기 한다.

11 완성된 리본을 핀대에 붙인다.

금빛 벌룬 드레스

필요한 재료	110cm 폭 화이트 공단 1마, 110cm 폭 골드 빛 공단 2~3마, 110cm 폭 골드 빛 망사 1.5~2마, 실크심, 핀대, 콘솔 지퍼(실물 크기의 패턴 활용)
키	90, 100, 110, 120, 130
재단하기	❶ 옷감을 식서 방향으로 반 접어 패턴을 그림처럼 놓는다. ❷ 초크(또는 실표 뜨기)로 그린 후 재단한다. ❸ 리본감은 시접 없이, 속 볼륨감용 망사는 아래만 시접 없이 자르고, 나머지는 시접을 1cm로 한다. ❹ 스커트감용 재단 시 길이+2cm(위아래 시접)로 하여 여러 번 재단 후 연결하여 사용한다. 원단의 양쪽 끝으로 1cm씩 자른 뒤 사용한다. ❺ 실물 패턴에서 상의 A, 뒷 리본 A, B, C를 사용한다.

* 지퍼는 사이즈별로(90~130) 지퍼 길이를 22, 24, 27, 30, 33cm로 하여 봉제 시 뒤판에 표시한 다음 지퍼를 달자.

제도법(실물 패턴 외 제도법)

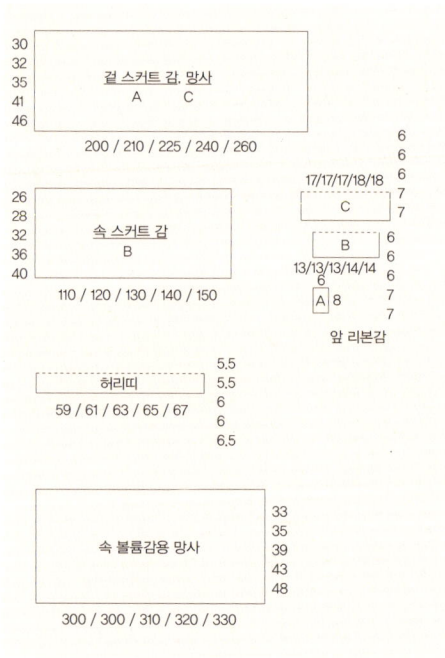

재단

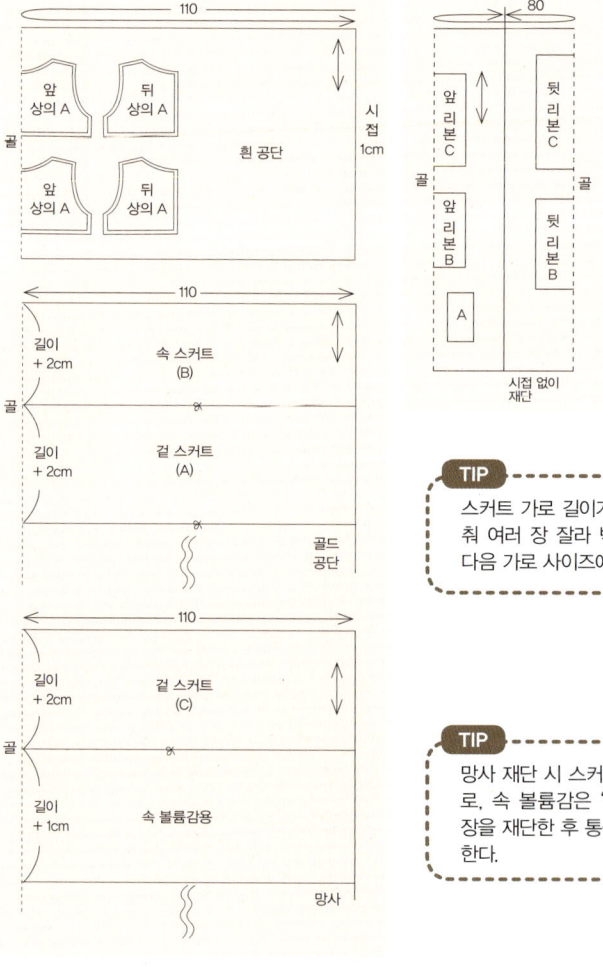

TIP 스커트 가로 길이가 길므로 세로만 맞춰 여러 장 잘라 박음질하여 연결한 다음 가로 사이즈에 맞게 재단한다.

TIP 망사 재단 시 스커트감은 '길이+2cm'로, 속 볼륨감은 '길이+1cm'로 여러 장을 재단한 후 통솔로 연결하여 사용한다.

몸판 만들기

 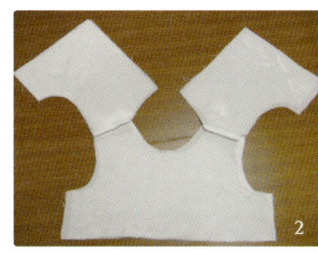

1 두 번씩 재단한 앞, 뒤판을 겉과 겉끼리 마주 대고 어깨선을 박는다.

2, 3 시접을 오버로크 처리한 후 하나는 시접을 뒤판을 향해 다림질하고 다른 하나의 시접은 앞판을 향해 다림질한다.

  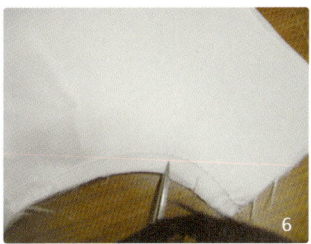 

4 어깨만 박음질한 몸판 2장을 서로 겉과 겉끼리 마주 대고 진동 부분 곡선을 완성선 따라 박는다.

5 목 부분을 완성선 따라 박는다.

6, 7 목과 진동 부분의 시접을 0.5cm만 남기고 자른 다음, 곡선 부위에 사진과 같이 가위 집을 준다.

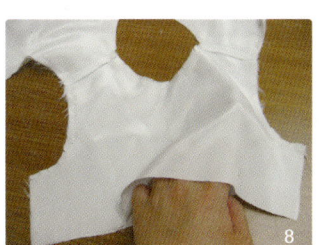 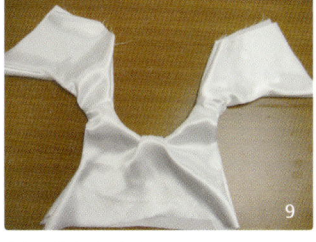 

8, 9 앞판 어깨 사이로 손을 넣어 뒤판을 뒤집어 낸다.

10 다림질한다.

11, 12 앞, 뒤판의 옆선을 맞추어 속감의 옆선을 잡아 겉감의 옆선을 위로 올려준 다음, 겨드랑점을 잘 맞추어 완성선을 따라 박음질한다.

스커트 만들기

> **TIP**
> 벌룬 스커트를 만들 때 속지는 상의 허리의 2배, 겉지는 상의 허리의 3.5배, 길이는 속지가 겉지보다 4~6cm 짧게 하는 것이 좋다.

1, 2 재단한 A 공단 스커트와 B 공단 스커트를 연결하여 제도법의 가로 사이즈에 맞게 각각 1장으로 만든다.

> **TIP**
> 공단과 망사의 가로 부위는 주름 분량이므로 조금 길어지거나 줄어들어도 괜찮다. 그러므로 연결 시 시접 부분을 계산하여 재단하지 않아도 된다.

3 망사는 사진과 같이 통솔로 연결한다.

4 A 공단 스커트의 겉 위에 C 망사를 올리고 맨 가장자리를 박아 망사를 공단 위에 고정시킨다.

5 A 공단과 B 공단 스커트 위아래 부분을 사진과 같이 4등분하여 초크로 표시한다.

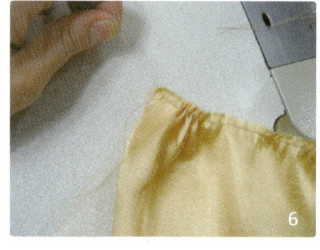 

6 A 공단 스커트 아랫부분을 B 공단 스커트의 아랫부분 길이에 맞추어 주름 잡는다.

7, 8 길이를 맞춘 A, B 공단 스커트를 겉과 겉이 마주 보게 놓고 사진과 같이 완성선을 따라 박음질한다.

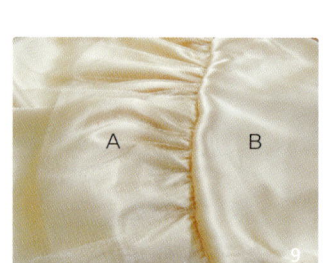  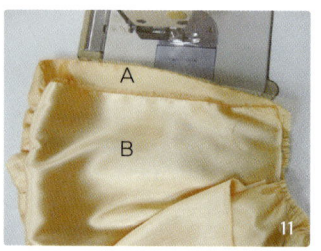

9 박음질한 모습은 사진과 같다.

10 시접이 안으로 가도록 A, B 공단 스커트의 허리 부분을 맞춘다.

11 A 공단 스커트의 허리 부분을 B 공단 스커트의 허리 부분에 맞추어 주름을 잡는다.

TIP
임시로 고정시킬 목적의 박음질일 경우 되돌아 박기를 생략할 수 있고, 큰 땀 수로 완성선 바깥쪽인 시접에 박음질한다.

12 A와 B에 표시한 옆선이 서로 맞도록 A, B를 박음질로 고정시킨다.

13, 14 사진과 같이 고정시킨 다음, 상의 몸판 길이에 맞게 다시 한 번 주름을 잡는다.

몸판과 연결 후 허리띠 만들기

1 주름 잡은 스커트와 몸판의 허리 부분을 서로 겉과 겉이 마주 보게 놓은 다음 완성선을 따라 박음질한다.

2 옆선을 통솔로 연결한 망사를 주름 잡아가면서 박음질한 스커트 허리 부분에 고정시킨다.

3 재단한 허리띠 원단을 겉끼리 마주 보도록 길게 반으로 접어 길게 박음질한다.

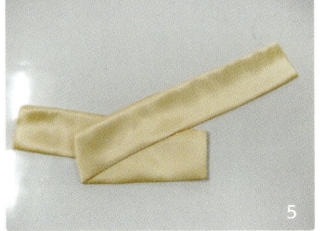

4, 5 뒤집은 다음 다림질한다.

6, 7 허리띠를 사진처럼 3등분하여 1.5cm 주름 부분을 표시한 다음 한 쪽 방향으로 접어 몸판 옆선과 닿는 부분이 고정되도록 한 줄로 박는다.

8 허리띠를 드레스 양 옆선에 맞춰 주름을 고정시킨 박음질 위를 한 번 더 박음질한다.

9 스커트 원단을 지퍼 위치까지 박는다.

10 콘솔 지퍼를 달아준다.

앞 리본 만들기

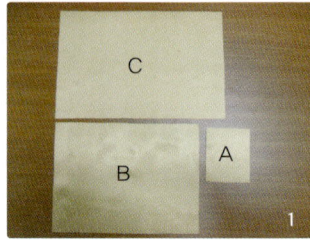

> **TIP**
> 부드러운 느낌을 주기 위해 실 크심을 붙이지 않고 제작한다.

1, 2 리본감을 재단한 다음 A부터 길게 반으로 접어 0.5cm로 길게 박음질한다.

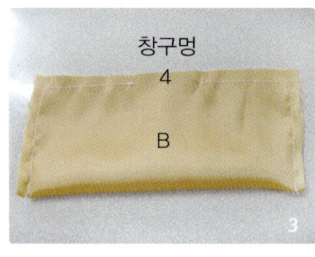
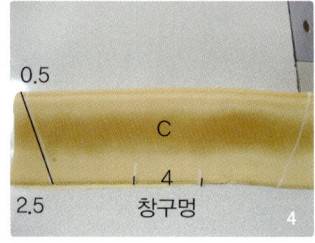
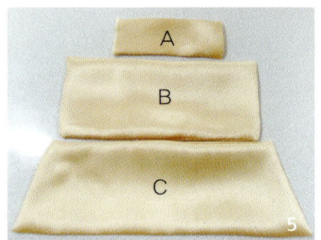

3 B도 길게 반으로 접어 창구멍을 표시하여 창구멍을 제외한 부분을 0.5cm로 박음질한다.

4 C 역시 반으로 접어 사진과 같이 양옆에 사선을 그어 창구멍을 남겨 두고 박는다.

5 모두 뒤집어 다림질한다.

6 리본감들을 손으로 접은 다음 실로 고정되도록 묶는다.

7 A를 묶은 실 위로 감은 다음 핀으로 고정시켜 공그르기 한다.

8 만든 리본을 앞 허리 중심에 공그르기로 고정시킨다.

뒷 리본 만들기

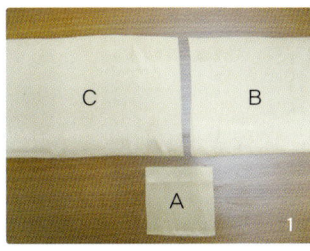  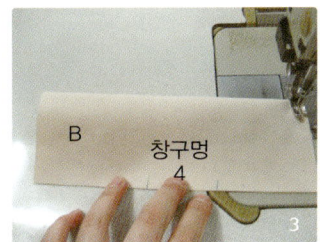

1 리본감을 재단한 다음 안쪽에 모두 실크심을 붙인다.

2 A부터 길게 반으로 접어 0.5cm로 길게 박음질한다.

3 B도 길게 반으로 접어 창구멍을 표시하여 창구멍을 제외한 부분을 0.5cm로 박음질한다.

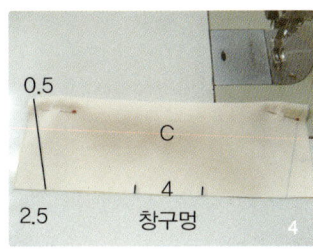 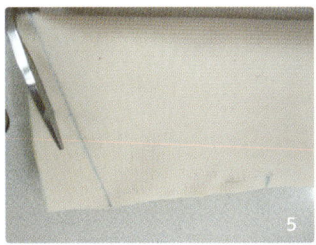 

4 C 역시 반으로 접어 사진과 같이 양옆에 사선을 그어 창구멍만 남겨두고 박는다.

5 0.5cm만 남기고 시접을 자른 다음 뒤집는다.

6 리본감들을 손으로 접은 다음 실로 고정되도록 묶는다.

7 A를 묶은 실 위로 감은 다음 핀으로 고정시켜 공그르기한 후 핀대에 붙인다.

바느질을 시작하면 막상 내 맘대로 되지 않고, 뜻하지 않게 일이 생겨 곤란할 때가 많다. 강의를 하면서 또 직접 제작을 하면서 터득한 노하우를 공개한다.

봉제 노하우 1

시접량은 정확히

박음질을 할 때 겹친 원단 2장의 완성선을 핀으로 정확히 모두 고정시키기는 어렵다. 박음질 시 원단의 겉과 겉을 마주보게 놓아 시접 끝을 잘 맞춰 눈에 보이는 쪽의 완성선을 따라 박음질하면 된다. 단, 시접량이 동일할 경우다.

발레리나 드레스

필요한 재료	다이마루 원단 1마, 110cm 폭 망사 2~3마(실물 크기의 패턴 활용)
키	80, 90, 100, 110
재단하기	❶ 옷감을 식서 방향으로 반 접어 패턴을 그림처럼 놓는다. ❷ 초크(또는 실표 뜨기)로 패턴을 그린 후 재단한다. ❸ 상의 목 부위와 바이어스는 시접 없이, 소매 밑단 1.5cm, 나머지 시접은 1cm로 재단한다. ❹ 소매 중심, 상의 어깨 ★ 표시, 소매 앞, 뒤 표시를 반드시 한다. ❺ 실물 패턴에서 발레리나 드레스 상의(앞, 뒤), 발레리나 드레스 소매를 사용한다.

제도법(실물 패턴 외 제도법)

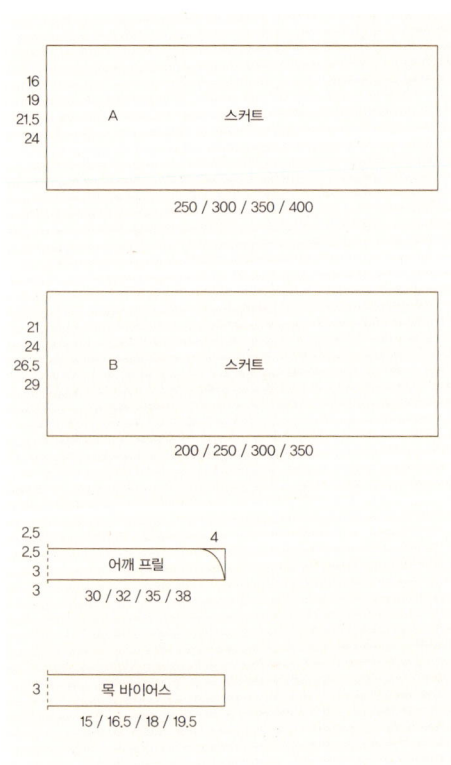

재단

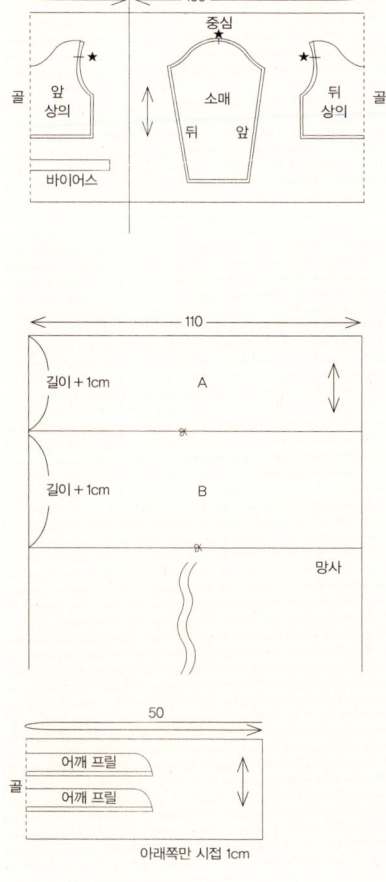

TIP 다이마루 바이어스는 잘 늘어나는 방향으로 재단하여 사용한다.

TIP 목 부위 바이어스는 시접 없이 재단한다. 소매 밑단은 1.5cm, 나머지 부위는 1cm로 시접한다.

TIP 스커트감을 재단할 때 '길이+1cm'로 하여 여러 번 재단 후 통솔로 연결하여 사용한다.

몸판 만들기

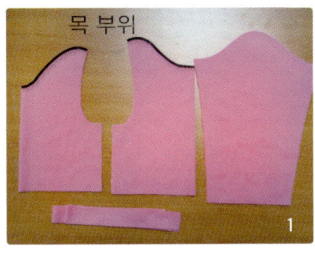

TIP 니트류에서는 바이어스를 대각선이 아닌 늘어나는 면으로 자르면 된다.

1 사진과 같이 몸판과 소매, 그리고 바이어스를 재단한다.

TIP 이때 10% 정도 바이어스를 살짝 당기는 느낌으로 박음질해야 보기 좋게 마무리된다.

2, 3 몸판 안쪽 면에서 바이어서가 안쪽 면이 보이도록 놓고 목 부분을 0.5cm 간격으로 박음질한다.

 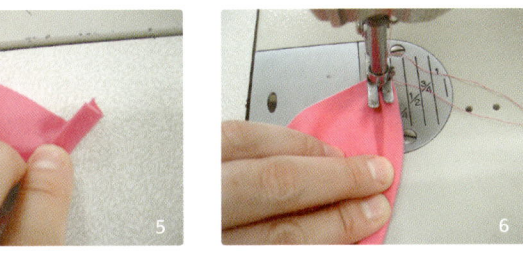 

4, 5 안쪽에서 박음질한 후 겉으로 돌려 사진과 같이 남은 시접을 접는다.

6 접은 바이어스 끝 부분을 박음질한다.

7 앞 뒤판 목 부위 바이어스를 박은 다음 다림질한다.

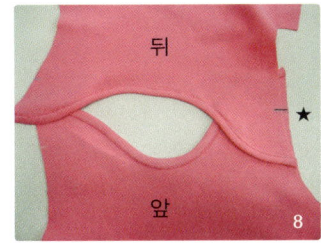 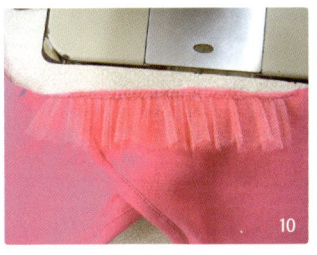 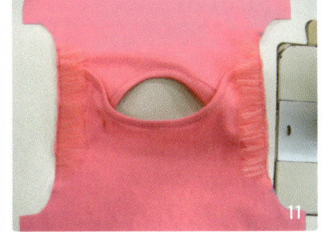

8, 9 뒤판이 앞판 위로 올라오도록 놓고 앞 뒤판의 어깨 중심(★)을 맞춰 시접 끝으로 고정하여 박음질한다.

10, 11 준비한 어깨 망사의 직선 부분을 주름 잡아 표시된 부분까지 주름이 몸판 쪽을 향하도록 놓고 고정시킨다.

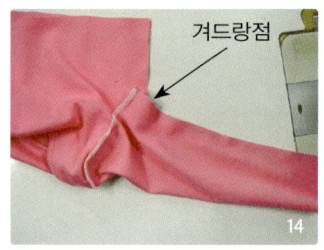

> **TIP**
> 소매의 곡선이 몸판의 곡선보다 잘 늘어지므로 몸판 곡선을 당기듯이 소매에 맞추어 박는다.

13 사진과 같이 몸판 겉 부분에서 소매 겉이 보이도록 놓아 방향을 맞춘 다음 겉과 겉이 닿게 어깨 중심점을 맞춰 뒤집어 안쪽에서 진동 곡선을 박음질한다.

14 오버로크 처리한 후 옆선을 맞추어 겨드랑점이 맞도록 고정시킨다.

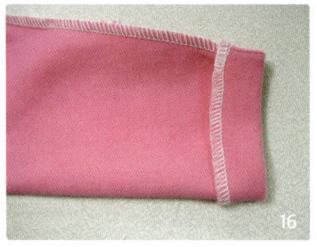

15 소매 옆선에서 몸판의 옆선까지 한 번에 박음질한다.

16 소매 밑단의 시접을 접어 올려 다림질한다.

17 오버로크 선을 따라 박음질한다.

스커트 만들기

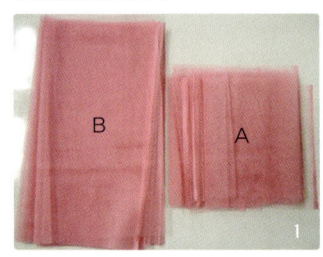

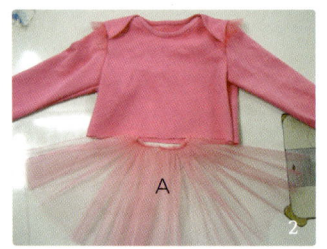

> **TIP**
> 망사를 원통으로 연결하여 주름을 만들지 않고 랩 스커트처럼 마지막에 5cm 정도 겹쳐 마무리 지어도 된다.

1 A, B망사는 각각 통솔로 길게 연결시킨다.

2 짧은 A부터 주름을 잡는다.

3 주름 잡은 A와 허리 부분이 겉과 겉이 닿게 놓아 박음질한다.

4 A를 모두 박음질하고 나면 B를 주름 잡아 A 위로 한 번 더 박음질한다.

털 망토

필요한 재료	150cm 폭 털 원단 1마, 110cm 폭 속지 원단 1마, 똑딱단추(大)(실물 크기의 패턴 활용)
키	90, 100, 110, 120, 130
재단하기	❶ 옷감을 식서 방향으로 반 접어 패턴을 그림처럼 놓는다. ❷ 초크(또는 실표 뜨기)로 패턴을 그린 후 재단한다. ❸ 칼라 끝 위치와 창구멍을 원단에 표시한다. ❹ 시접은 전체 1cm로 한다. ❺ 실물 패턴에서 털 망토 몸판, 털 망토 칼라를 사용한다.

재단

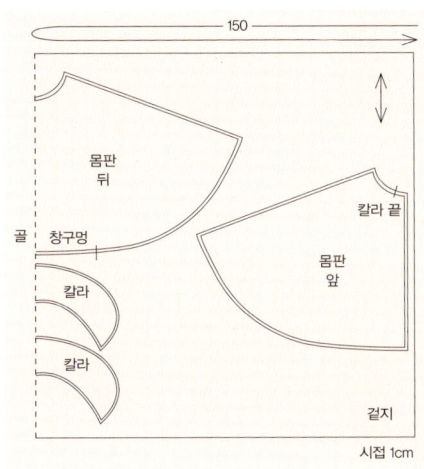
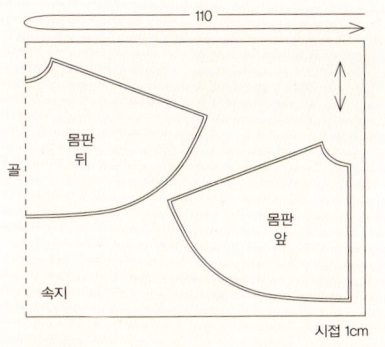

TIP
털 원단은 털 방향성이 있으므로 앞뒤를 위 아래 같은 방향으로 패턴을 놓는다.
만약 긴 털 원단으로 재단할 경우 털의 결 방향은 아래로 둔다.

망토 만들기

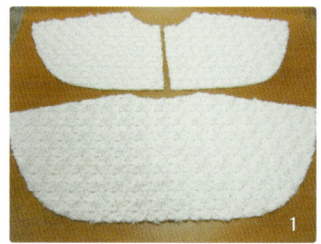

1, 2 겉지와 속지를 사진과 같이 재단한다.

3 원단의 겉과 겉이 마주 보게 어깨 부분을 맞춘다.

4 속감과 겉감의 어깨 부분은 각각 박음질한다.

5, 6 2번 재단한 칼라를 겉과 겉이 마주 보게 놓고 사진과 같이 목 부분을 제외하고 박음질한다.

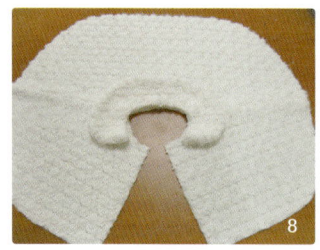

7 시접을 0.5cm만 남기고 자른다음 뒤집는다.

8, 9 사진과 같이 겉감 위에 패턴의 칼라 끝 위치를 맞춰 놓고 고정시킨 다음, 속감의 겉판과 겉감의 겉판이 마주 보도록 놓는다.

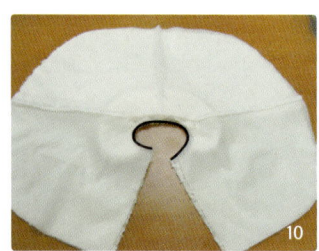

10 사진에 표시된 목 부분 곡선을 박음질한다.

11 시접을 0.5cm만 두고 자른 다음 사진과 같이 시접을 속감 쪽으로 꺾어 0.1cm 상침한다.

12 사진과 같이 뒤쪽 밑단 부분에 창구멍을 남기고 박음질한다. 시접을 0.5cm만 두고 자른 다음 뒤집어 창구멍은 공그르기로 막는다.

> **TIP**
> 입었을 때 오른쪽 원단이 위로 오도록 하여 단추를 달고 단추구멍을 뚫거나, 스냅 단추(똑딱이 단추)를 달아준다.

화동 드레스

필요한 재료	110cm 폭 화이트 공단 1.5마, 110cm 폭 배색 공단 1/4마, 110cm 폭 망사 2.5~4마, 콘솔 지퍼, 실크심(실물 크기의 패턴 활용)
키	90, 100, 110, 120, 130
재단하기	❶ 옷감을 식서 방향으로 반 접어 패턴을 그림처럼 놓는다. ❷ 초크(또는 실표 뜨기)로 패턴을 그린 후 재단한다. ❸ 공단 시접은 전체 1cm로 한다. ❹ 망사는 세로+1cm로, 가로는 시접 없이 여러 장 재단한다. ❺ 실물 패턴에서 상의 C를 사용한다. * 지퍼는 사이즈별로(90~130) 지퍼 길이를 22, 25, 28, 31, 35cm로 하여 봉제 시 뒤판에 표시한 다음 지퍼를 달자.

제도법(실물 패턴 외 제도법)

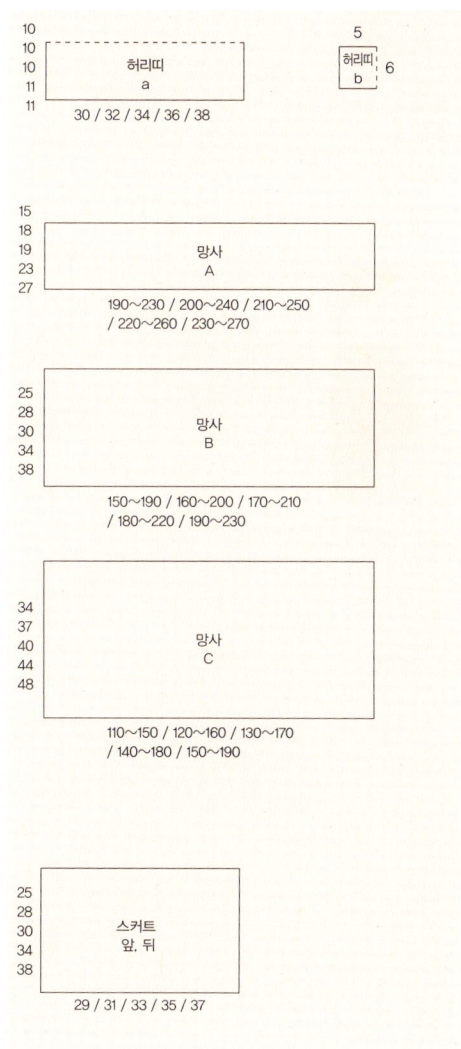

재단

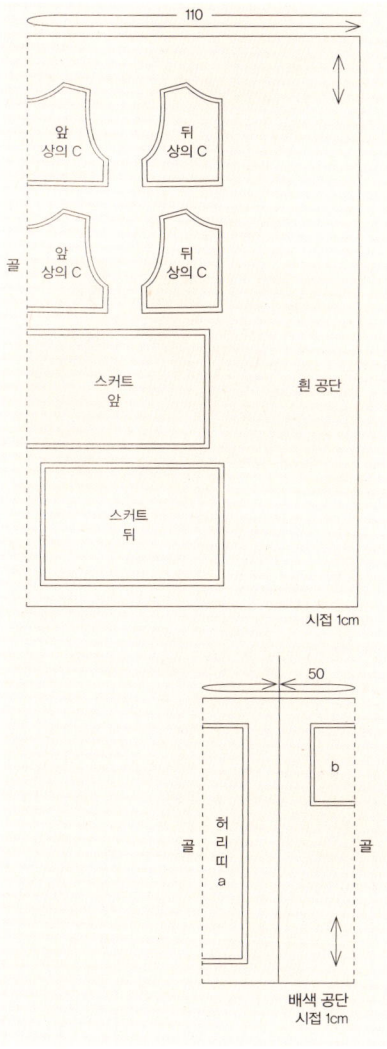

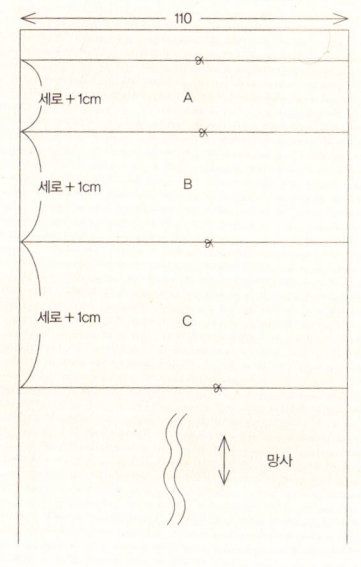

TIP

제도 시 망사 너비는 상의 총 허리둘레에
A는 약 3~4배
B는 약 2.5~3배
C는 약 2~2.5배가 되도록 한다.
재단 시 망사는 상의 총 허리둘레에
A는 약 3~4배
B는 약 2.5~3배
C는 약 2~2.5배가 되도록 '세로길이+1cm'로 하여 여러 번 재단한다.

몸판 만들기

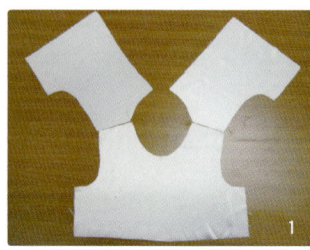

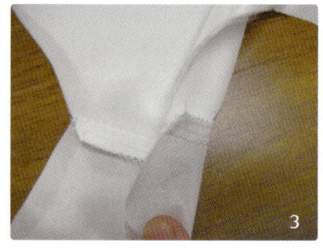

1 두 번씩 재단한 앞, 뒤판의 어깨 부분을 서로 맞춘다.

2 어깨를 겉과 겉끼리 마주 대고 박음질한다.

3 시접을 오버로크 처리한 후 하나는 시접을 뒤판을 향해 다림질하고 다른 하나의 시접은 앞판을 향해 다림질한다.

4 사진과 같이 몸판 2장을 서로 겉과 겉끼리 마주 대어 어깨 부분에 실크핀으로 고정한다.

5 목둘레를 완성선 따라 박은 다음 시접을 0.5cm 남기고 자른다.

6 진동 부위를 박은 다음 5번과 같이 시접을 0.5cm 남기고 자른다.

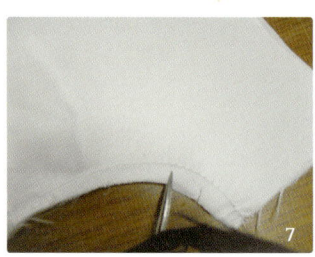
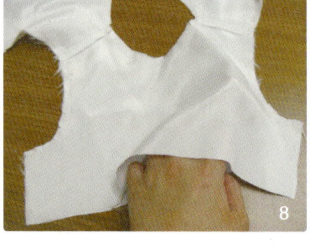

7 곡선 부위의 시접을 사진과 같이 가위 집을 준다.

8 앞판 어깨 사이로 손을 넣어 뒤판을 뒤집어 낸다.

9 다림질한다.

10, 11 앞 뒤판의 옆선을 맞추어 속감의 옆선을 잡아 겉감의 옆선을 위로 올려준 다음, 겨드랑점을 잘 맞추어 완성선을 따라 박음질한다.

리본 만들기

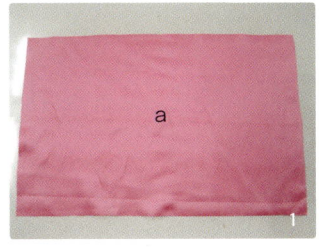 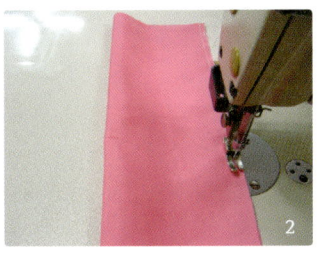  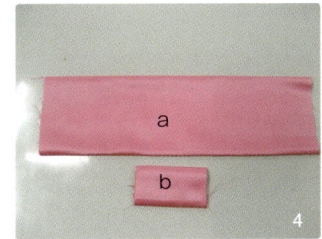

1, 2 재단한 a를 길게 반으로 접어 한쪽 면만 박음질한다.

3 b도 긴 방향을 반 접어 한쪽 면만 박음질한다.

4 뒤집은 다음 사진과 같이 다림질한다.

5, 6 다림질한 b의 양옆을 주름 잡는다.

7 사진과 같이 위(겨드랑점)에서 1.5cm 내려온 곳을 맞추어 놓는다.

8 사진과 같이 안쪽 몸판을 위로 올린 다음 박음질하여 고정한다.

TIP 9번 사진과 같이 리본감을 몸판 완성선 위로 고정시킨다.

9 가운데를 오그려 실로 묶어 고정시킨다.

10 b의 양옆도 주름 잡는다.

11 주름 잡은 b를 묶어둔 부위에 감싸준다.

12 공그르기 한다.

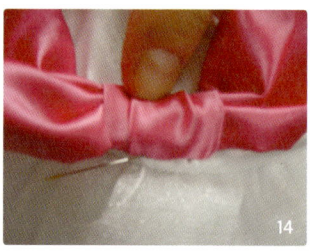

13, 14 몸판 허리 가운데 부분과 리본 매듭 부분을 공그르기로 고정시켜준다.

15 몸판 앞뒤의 옆선을 맞추어 속감의 옆선을 잡아 겉감의 옆선을 위로 올려준 다음, 겨드랑점을 잘 맞추어 완성선을 따라 옆선을 박음질한다.

스커트 만들기

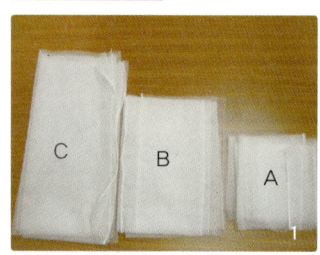

> **TIP**
> 망사 A는 주름 많이, 망사 B는 주름 보통, 망사 C는 주름 적게 순으로 넣어주면 보기 좋게 부풀려진다.

1 재단한 망사를 통솔로 연결하여 A, B, C를 각 1줄씩으로 만든다.

2 짧은 망사 A부터 주름 잡아 상의에 박음질한다.

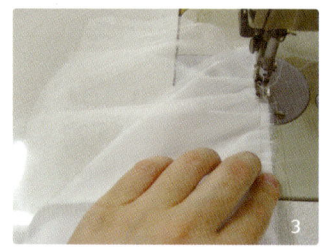

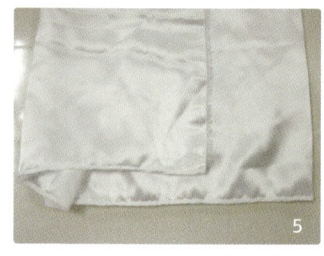

3 망사 B도 주름 잡아 박음질된 망사 A 위에 박는다.

4 주름 잡은 망사 C를 박음질된 망사 B 위로 박는다.

5 재단한 스커트 원단의 옆선을 박음질하고 밑단을 오버로크 처리한 다음 주름 잡아 박음질된 망사 C 위로 박는다.

6 밑단은 오버로크 처리한 부위를 한번 접어 다림질한 다음 오버로크 선을 따라 박음질한다.

7 뒤판의 지퍼 부분을 제외한 나머지 스커트 아랫부분을 박음질하고 콘솔 지퍼를 달아준다.

캉캉 드레스

필요한 재료: 110cm 폭 화이트 공단 1마, 110cm 폭 핑크 공단 2~3마, 콘솔 지퍼, 실크심(실물 크기의 패턴 활용)

키: 90, 100, 110, 120, 130

재단하기:
① 옷감을 식서 방향으로 반 접어 패턴을 그림처럼 놓는다.
② 초크(또는 실표 뜨기)로 패턴을 그린 후 재단한다.
③ 리본감은 시접 없이, 프릴감은 '길이+2cm'로 여러 장 잘라 길이만큼 연결하여 사용하고 나머지 시접은 1cm로 한다.
④ 실물 패턴에서 상의 A를 사용한다.
* 지퍼는 사이즈별로(90~130) 지퍼 길이를 22, 24, 27, 30, 33cm로 하여 봉제 시 뒤판에 표시한 다음 지퍼를 달자.

제도법(실물 패턴 외 제도법)

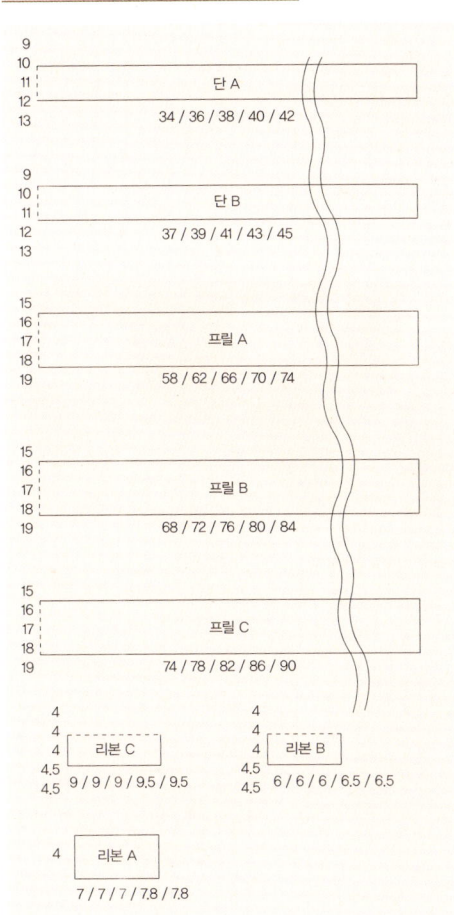

재단

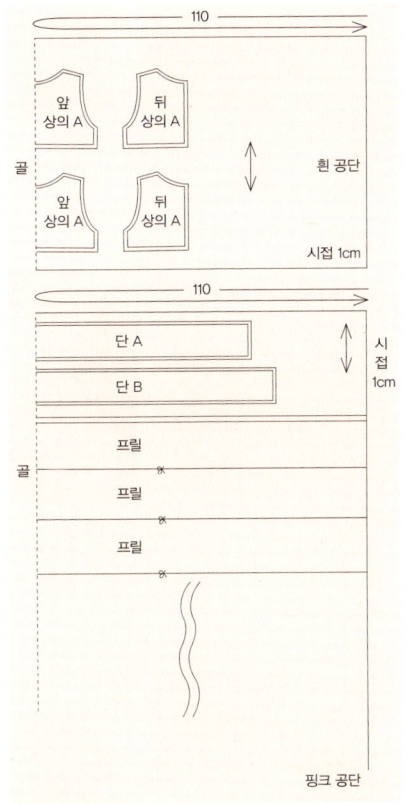

TIP
프릴 세로 길이는 모두 같으므로 시접 위아래 2cm를 포함하여 '길이+2cm'로 여러 장 재단하여 옆선 박음 후 프릴 A, B, C 가로 길이에 맞게 재단한다.

몸판 만들기

1 두 번씩 재단한 앞, 뒤판 어깨 부분을 서로 맞춘다.

2 어깨를 겉과 겉끼리 마주 대고 박음질한다.

3 시접을 오버로크 처리한 후 하나는 시접을 뒤판을 향해 다림질하고 다른 하나의 시접은 앞판을 향해 다림질한다.

4 사진과 같이 어깨 부분에 실크핀으로 고정한다.

5 목둘레를 완성선 따라 박은 다음 시접을 0.5cm 남기고 자른다.

6 진동 부위를 박은 다음 시접을 0.5cm 남기고 자른다.

 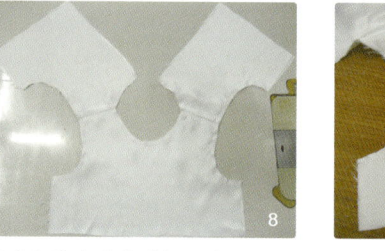 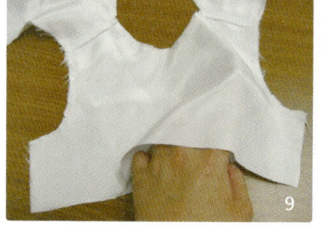

7, 8 목과 진동 곡선 부분의 시접에 사진과 같이 가위 집을 준다.

9, 10 앞판 어깨 사이로 손을 넣어 뒤판을 뒤집어 낸다.

11 다림질한다.

12, 13 앞 뒤판의 옆선을 맞추어 속감의 옆선을 잡아 겉감의 옆선을 위로 올려준 다음, 겨드랑점을 잘 맞추어 완성선을 따라 박음질한다.

스커트 만들기

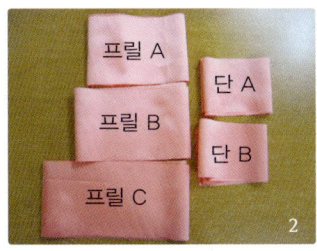

1 프릴과 단을 사진처럼 제도법의 가로 길이에 맞게 연결 박음질한다.

2 사진과 같이 한 장으로 연결된 프릴 3장과 단 2장을 준비한다.

3 프릴 3장의 각각 밑단을 0.5cm씩 두 번 접어 박음질한다.

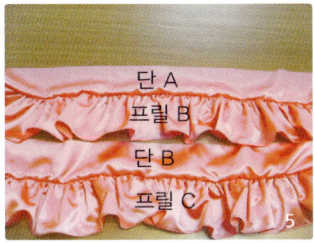

4 프릴 B를 주름 잡아 단 A에 맞추고, 프릴 C를 주름 잡아 단 B에 맞춰 박음질한다.

5, 6 사진과 같이 단에 박음질 한 프릴에서 단 B를 단 A 아래쪽에 맞춰 잡는다.

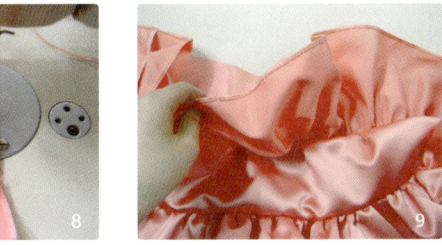

7, 8 단 A보다 단 B가 조금 길므로 사진처럼 손으로 조금씩 주름 잡아가며 박음질한다.

9, 10 박음질한 모습은 사진과 같다.

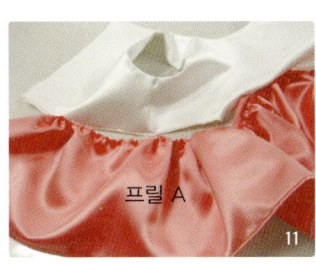

11 프릴 A를 주름 잡아 몸판 허리 길이에 맞춘다.

12 프릴 A의 겉과 몸판의 겉을 마주 보게 놓고 박음질한다.

13 사진처럼 단 A를 몸판 허리 길이에 맞춰 주름 잡아 박음질한다.

14 겉과 겉을 마주 보게 놓고 지퍼 부분을 제외한 완성선을 박음질한 다음 콘솔 지퍼를 달아준다.

리본 만들기

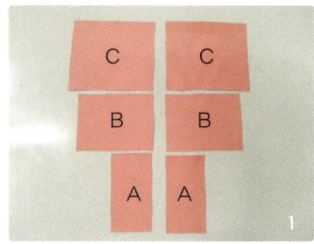

1 사진과 같이 리본감을 재단한다.

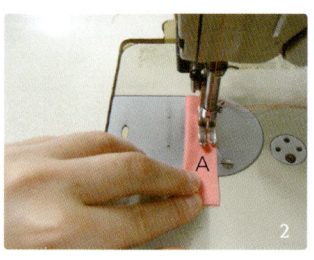

2 A를 길게 반 접어 0.5cm로 박음질한다.

3 B와 C는 창구멍을 제외하고 박음질한다(창구멍은 가운데 3cm 정도로 표시해둔다).

4 모서리는 대각선으로 잘라 시접을 정리한다.

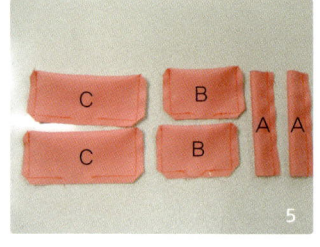

5 모두 박음질한 후 뒤집어 다린다.

6 C 위에 B를 올려 중심을 살짝 박아준다.

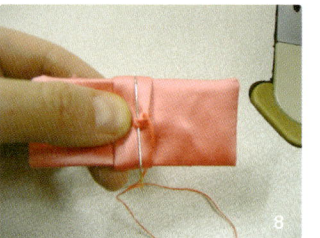

7, 8 A를 중심에 놓고 감싸 뒤에서 공그르기 한다.

9, 10 만들어진 리본을 어깨에 올려 공그르기로 고정시킨다.

모자형 보닛

필요한 재료	110cm 폭 흰 공단 1마, 110cm 폭 배색 공단 1마(실물 크기의 패턴 활용)
키	80, 90
재단하기	❶ 옷감을 식서 방향으로 양옆을 골선으로 사용할 수 있게 접어 패턴을 그림처럼 놓는다. ❷ 초크(또는 실표 뜨기)로 패턴을 그린 후 재단한다. ❸ 끈 달린 부분과 창구멍을 원단에 표시한다. ❹ 시접은 전체 1cm로 한다. ❺ 실물 패턴에서 모자형 보닛 A, B, C를 사용한다.

제도법(실물 패턴 외 제도법)

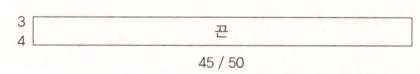

재단

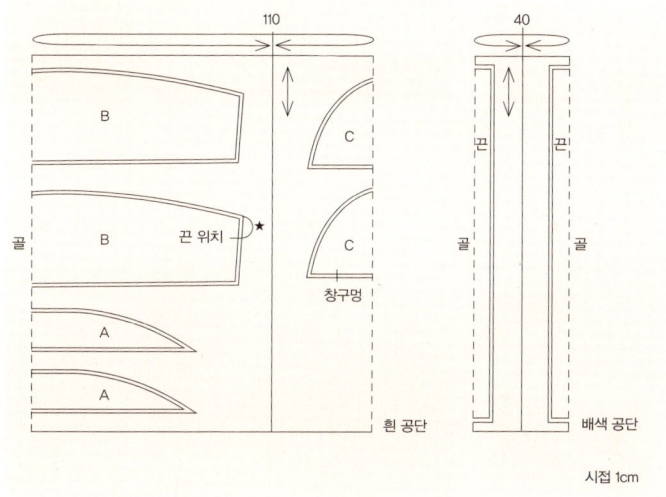

봉제 노하우 2

얇은 원단, 미끄러운 원단 재단 방법

너무 얇아서 재단 시 만지는 대로 움직이는 원단은 사용이 꺼려진다. 즉 쉬폰이나 미끄러운 공단 같은 원단은 재단 시 광목 같은 면원단을 아래에 깔고 그 위에 올려놓고 재단하면 밀리지 않는다.

모자 연결하기

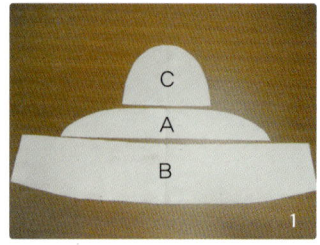 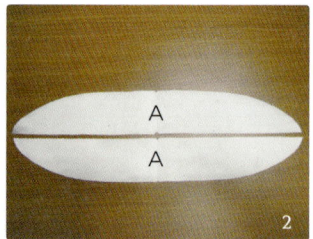 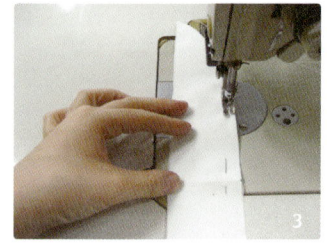

1 패턴을 모두 두 번씩 재단하여 각 2장씩 준비한다.

2 2장 재단한 A부터 겉과 겉이 마주 보게 놓고 핀으로 고정시킨다.

3, 4 곡선 부분을 박음질한 후 0.5cm 남기고 시접을 자른 다음 뒤집는다.

 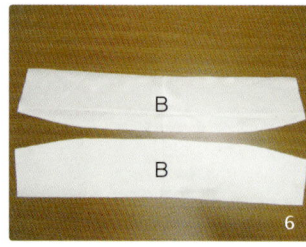

5 뒤집은 A는 다림질한다.

6, 7 2장으로 재단한 B는 각각 곡선 부분을 주름 잡는다.

 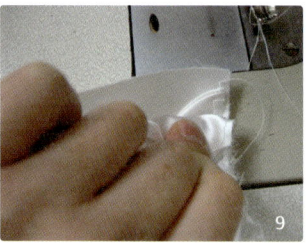 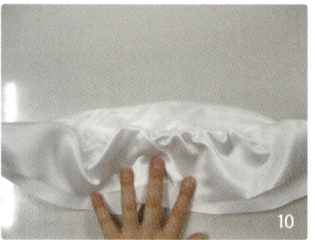

8 주름 잡은 B를 겉과 겉이 마주 보게 놓고 그 사이에 만들어둔 A를 사진과 같이 끼워 넣는다.

9, 10 사진처럼 A는 완성선까지만 오도록 놓고 박음질한다.

> **TIP**
> A와 C 부위에 실크심을 붙이면 더 빳빳한 형태를 살릴 수 있다.

끈 달기

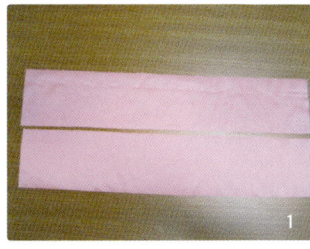 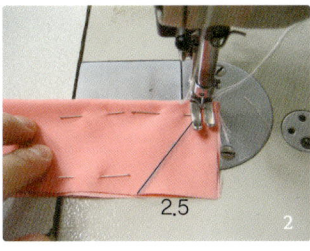 

1, 2, 3 재단한 끈 2장을 겉과 겉이 마주 보게 길게 놓은 다음 사진과 같이 2.5cm 각도의 사선을 그려 박음질한다.

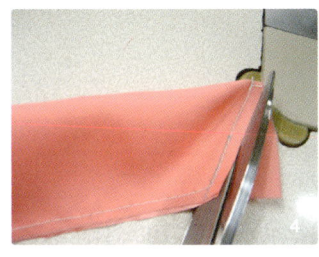  

4, 5 시접을 0.5cm 남기고 자른 다음 뒤집는다.

6 다림질한다.

 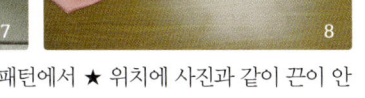 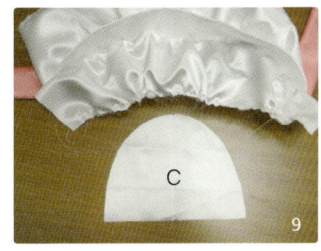

7, 8 A, B 연결된 바로 아래쪽, 패턴에서 ★ 위치에 사진과 같이 끈이 안으로 놓이도록 둔 다음 고정시킨다.

9 B의 직선 부분을 각각 주름 잡아 C의 곡선 부분의 길이에 맞춘다.

  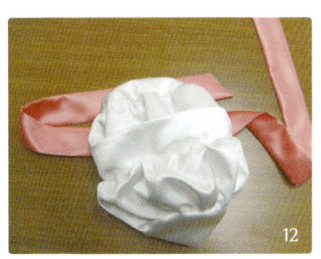

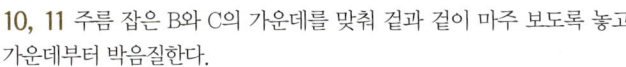

10, 11 주름 잡은 B와 C의 가운데를 맞춰 겉과 겉이 마주 보도록 놓고 가운데부터 박음질한다.

12 B 부분에 각각 박음질된 C 모습은 사진과 같다.

합폭하기

1, 2 사진처럼 끈을 안으로 모두 넣어 겉과 겉이 보이도록 놓고 고정시킨다.

3 창구멍을 표시하여 그곳을 제외하고 박음질한다.

4, 5 창구멍으로 뒤집어 다림질한다.

6 창구멍은 공그르기로 막는다.

봉제 노하우 3

실물 패턴 사용법

제도용 부직포를 구입해서 패턴을 옮겨 사용한다. 그러나 부직포가 없을 경우엔 A4 정도 두께의 종이를 위에 올리고 스탠드 아래에서 옮겨 그린다. 넓은 부위를 옮겨 그릴 땐 햇빛이 들어오는 창문에 실물 패턴을 붙여 그 위에 종이를 올려 옮겨 그려보자. 선이 잘 보일 것이다.

연주복 드레스

필요한 재료 110cm 폭 하늘색 공단 1마, 110cm 폭 파란 공단 1.5마, 110cm 폭 파란 망사 2~2.5마, 원단 레이스 1마, 실크심, 콘솔 지퍼, 핀대(실물 크기 패턴 활용)

키 80, 90, 100, 110, 120, 130

재단하기
1. 옷감을 식서 방향으로 반 접어 패턴을 그림처럼 놓는다.
2. 초크(또는 실표 뜨기)로 패턴을 그린 후 재단한다.
3. 리본감은 시접 없이, 망사는 아래쪽 시접 없이, 나머지는 1cm 시접으로 재단한다.
4. 레이스는 너비 7~9cm, 길이는 목둘레 2배로 재단한다.
5. 실물 패턴에서 상의 B, 뒷 리본 A, B, C를 사용한다.

* 지퍼는 사이즈별로(80~130) 지퍼 길이를 20, 22, 25, 28, 31, 35cm로 하여 봉제 시 뒤판에 표시한 다음 지퍼를 달자.

제도법(실물패턴 외 제도법)

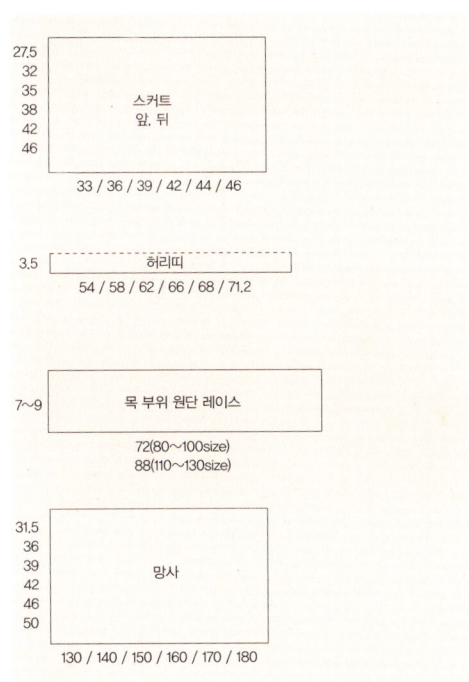

TIP 목 장식 원단 레이스는 목둘레의 약 2배 정도를 사용한다.

재단

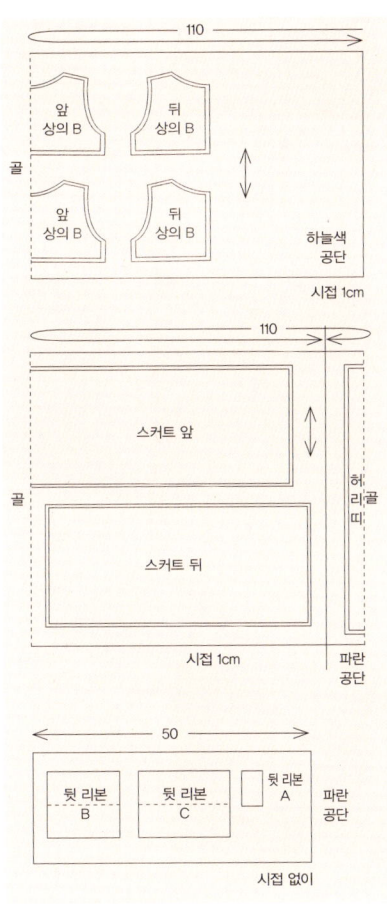

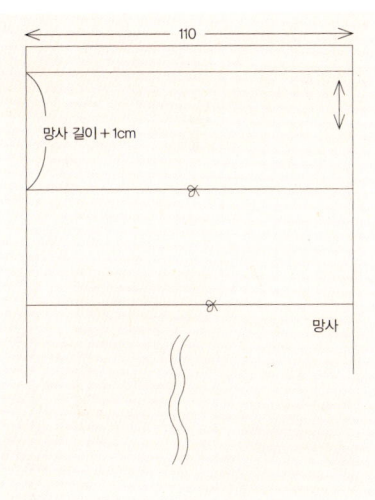

TIP 망사는 주름을 잡아 박음질하므로 세로 길이만 정확하게 하여 폭 방향(가로)을 전체 사용하도록 하고 스커트보다 주름을 더 잡도록 한다.

몸판 만들기

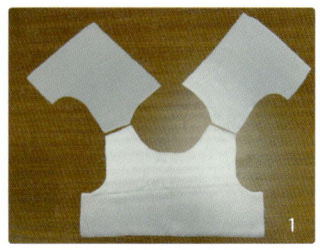 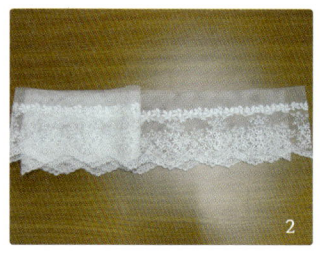

> **TIP** 레이스는 목 부위의 장식이므로 너비를 지키기 보다는 레이스 무늬를 보고 너비를 결정하는 것이 좋다.

1 두 번씩 재단한 앞, 뒤판을 겉끼리 마주 대고 어깨선을 박는다.

2 목에 박음질할 레이스를 목둘레의 2배 길이로 준비한다.

3 레이스를 주름 잡아 목 부분에 놓는다.

> **TIP** 고정 박음질은 고정시키기 위함이므로 박음질할 때 완성선이 아닌 시접 안에서 박음질한다.

4, 5 목 부분에 레이스 겉이 보이도록 놓고 고정 박음질한다.

6 레이스를 박은 후 속감 공단의 겉이 겉감의 겉과 마주 보게 놓고 목 부분 곡선을 먼저 박음질한다.

  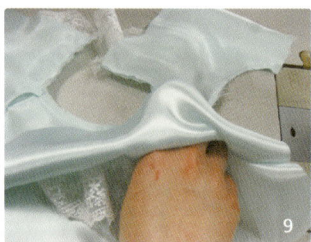

7 진동 곡선을 박음질할 때에는 레이스가 박히지 않도록 안으로 넣어 어깨 시접을 맞춘 다음 박음질한다.

8 박음질 후 시접을 0.5cm로 자른 다음 가위 집을 준다.

9, 10 앞판의 어깨 사이로 손을 넣어 뒤판을 뒤집어 낸다.

11, 12 앞 뒤판의 옆선을 맞추어 속감의 옆선을 잡아 겉감의 옆선을 위로 올려준 다음, 겨드랑점을 잘 맞추어 완성선을 따라 박음질한다.

스커트 만들기

> **TIP**
> 주름 잡기 전 망사 전체 4등분과 몸판 전체를 4등분하여 주름을 잡은 다음 표시 부분을 맞춰서 박음질하면 주름이 한쪽으로 치우치지 않는다.

1 허리 부분의 겉과 속감이 서로 붙어 있도록 고정 박음질한다.

2 통솔로 연결된 망사를 주름 잡는다.

3 몸판 겉 위에 주름 잡은 망사를 올린 다음 박음질한다.

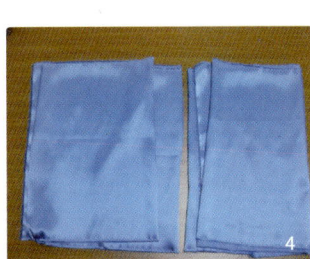  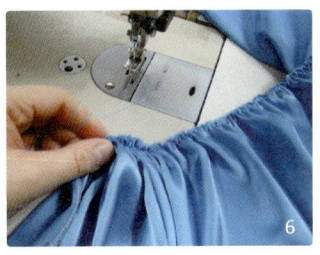

4, 5 재단한 스커트감의 옆선을 박음질하고 오버로크 처리한다.

6 옆선이 연결된 스커트를 상의 몸판 허리 길이에 맞도록 주름 잡는다.

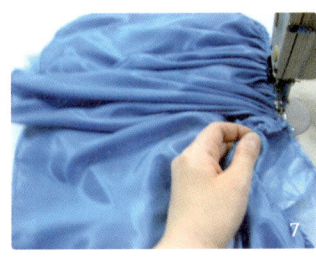  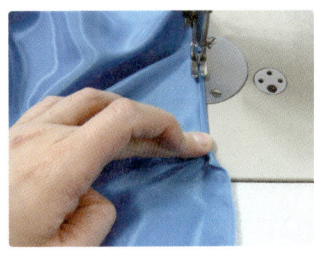

7, 8 박음질한 망사 위에 주름 잡은 공단 스커트 감을 올려 한 번 더 완성선을 따라 박음질한다.

9 스커트 밑단은 0.5cm씩 두 번 접어 박는다.

지퍼 달기, 허리띠 만들기

1 뒤판에 지퍼 부분을 제외하고 스커트 뒷 중심을 박음질하고 콘솔 지퍼를 단다.

2 재단한 허리띠감에 실크심을 붙이고 겉과 겉이 마주 보게 길게 접어 박음질한다.

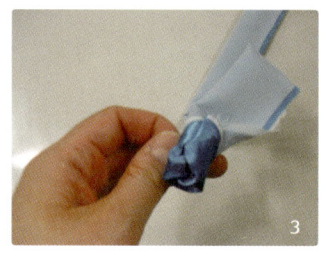 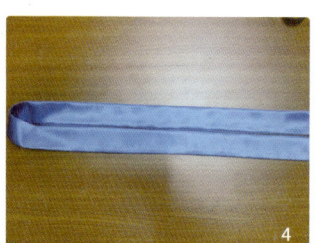 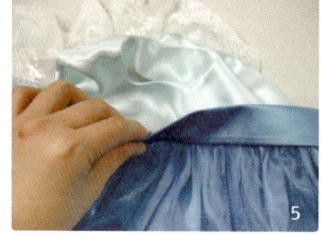 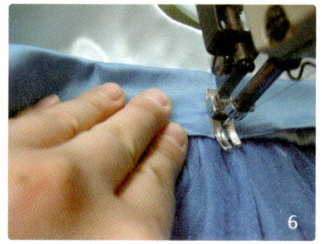

3, 4 뒤집어 다림질한다.

5, 6 허리띠를 중심을 기준으로 맞춰서 옆선을 따라 박음질하여 고정시킨다.

 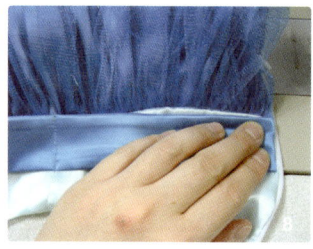

7, 8 지퍼 부분에서 허리띠 시접을 안으로 접어 가늘게 박음질한다.

리본 만들기

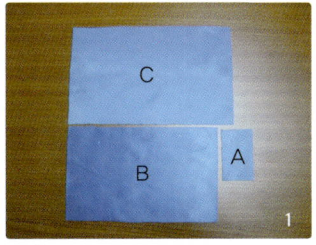   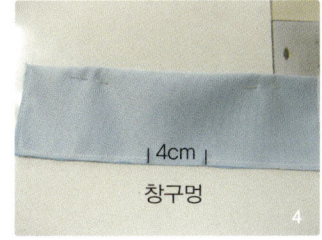

1, 2 리본감을 재단한 다음 모두 안쪽면에 실크심을 붙인다.

3 A는 길게 접어 0.5cm로 박음질한다.

4 B는 길게 반으로 접어 가운데 4cm 창구멍을 제외하고 0.5cm로 박음질한다.

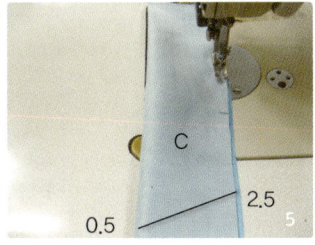 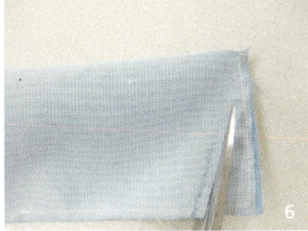 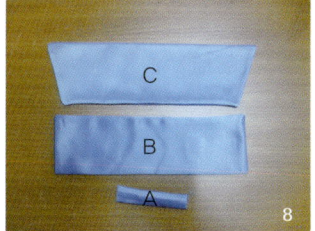

5, 6 C는 사진처럼 사선으로 박음선을 그려 박음질한 다음 시접을 0.5cm 남기고 자른다.

7, 8 모두 뒤집어 다림질한다.

9, 10, 11 B의 가운데를 3등분하여 사진처럼 접는다.

12 C도 사진처럼 접은 후 B와 합쳐 가운데를 실로 묶어준다.

13, 14, 15 A를 리본 중심에 감싼 다음 고정시켜 공그르기 한다.

레이스 드레스

필요한 재료	110cm 폭 흰 공단 1.5마, 원단 레이스 1.5마, 띠레이스 1마, 실크심, 콘솔 지퍼(실물 크기의 패턴 활용)
키	80, 90, 100, 110, 120, 130
재단하기	❶ 옷감을 식서 방향으로 반 접어 패턴을 그림처럼 놓는다. ❷ 초크(또는 실표 뜨기)로 패턴을 그린 후 재단한다. ❸ 원단 레이스는 폭 방향(가로)을 전체 사용하도록 한다.(패턴 크기 보다 가로 길이가 길면 주름을 더 넣어 주면 된다.) ❹ 소매 밑단만 0.5cm 시접, 나머지는 모두 1cm 시접으로 재단한다. ❺ 소매에 중심과 주름 표시를 한다. ❻ 상의 진동 부위에 소매 달림 끝 위치를 표시한다. ❼ 실물 패턴에서 상의 A, 레이스 드레스 소매를 사용한다.

* 지퍼는 사이즈별로(80~130) 지퍼 길이를 20, 22, 25, 28, 31, 35cm로 하여 봉제 시 뒤판에 표시한 다음 지퍼를 달자.

제도법(실물 패턴 외 제도법)

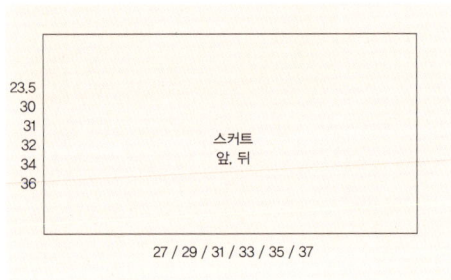

재단

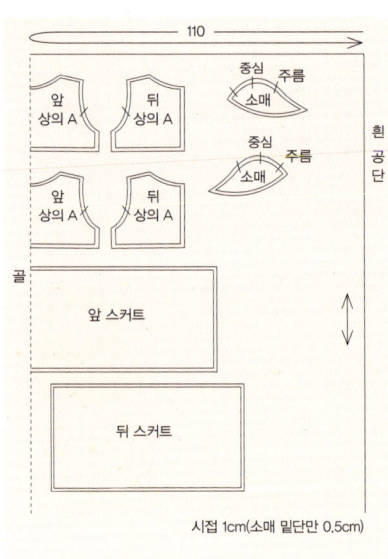

> **TIP**
> 소매에는 반드시 중심, 주름 그리고 앞, 뒤를 표시해 준다.

몸판 만들기

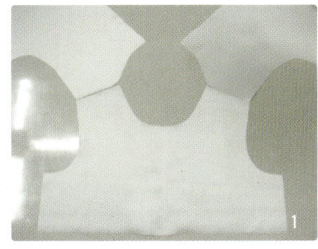

1, 2 두 번씩 재단한 앞, 뒤판을 겉과 겉끼리 마주 대고 각각 어깨선을 박는다.

3, 4 재단한 소매 밑단을 오버로크 처리한 다음 오버로크 너비만큼 한 번 접어 박음질한다.

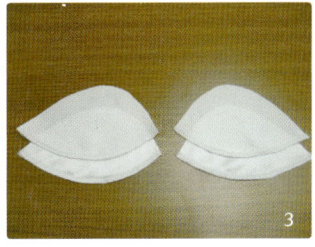

5 소매의 중심을 맞추어 앞 소매가 위로 오도록 핀으로 고정시킨다.

6 패턴에 표시된 만큼 박아 주름 잡는다.

7, 8 소매 중심과 어깨선이 잘 맞도록 놓은 다음 겉과 겉이 마주 보도록 소매를 뒤집은 다음 핀으로 고정한다.

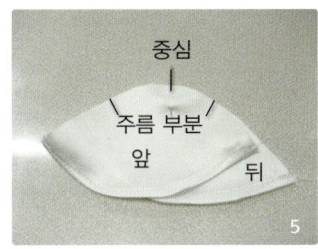

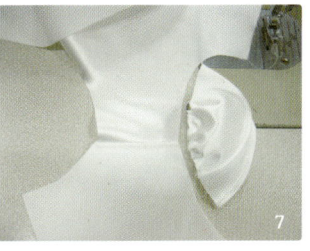

9 몸판에 표시된 소매 달림 끝 위치를 잘 맞춰 완성선을 따라 소매를 박는다.

10 몸판에 소매를 박은 모습은 사진과 같다.

11 어깨만 박음질한 속감을 겉감 위에 어깨를 맞춰 서로 겉과 겉끼리 마주 보게 놓고 고정시킨 다음, 목둘레를 박음질한다.

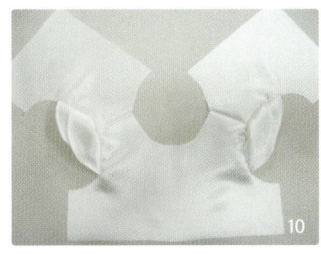

12 소매를 사진과 같이 안으로 넣어 핀으로 고정시킨 다음 진동 부분을 박음질한다.

13 시접을 0.5cm만 남겨 자르고 사진과 같이 가위 집을 준다.

14 앞판 어깨 사이로 손을 넣어 뒤판을 뒤집어 낸다.

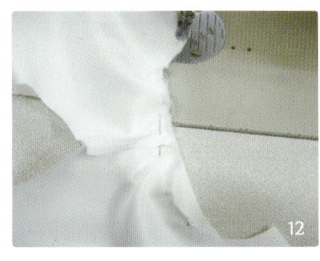
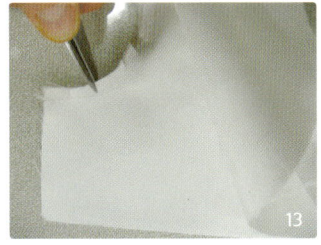
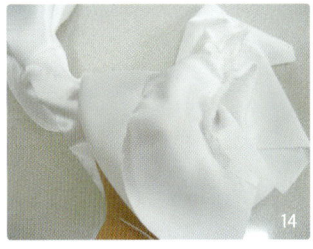

15 다름질한다.

16, 17 앞 뒤판의 옆선을 맞추어 속감의 옆선을 잡아 겉감의 옆선을 위로 올려준 다음, 겨드랑점을 잘 맞추어 완성선을 따라 박음질한다.

18 옆선 시접을 가름솔로 다림질한다.

스커트 만들기

> **TIP** 레이스 원단은 올이 풀리지 않으므로 사진처럼 길이 방향으로 레이스 형태를 따라 자른다.

1, 2 레이스는 원단으로 준비한 다음 길이는 몸판 허리둘레의 약 2.5배, 너비는 스커트 길이보다 약 5cm 짧게 준비한다.

3 레이스를 주름 잡는다.

4 주름 잡은 레이스를 몸판 허리와 길이를 맞춰 겉과 겉이 마주 보게 놓고 박음질한다.

5 박은 레이스 위로 공단 스커트를 주름 잡아 한 번 더 박음질한다.

6 레이스와 공단 스커트를 박음질한 모습은 사진과 같다.

7 공단 스커트 밑단은 오버록 처리한 다음 오버록 선의 너비만큼 접어 박음질한다.

8 밑단에 달아줄 레이스는 공단 스커트 아래로 5cm정도 내려가도록 놓아 그 위치에 선을 그어 사진과 같이 놓는다.
(밑단 레이스의 너비는 약 15cm, 길이는 스커트 길이의 2배 정도로 준비한다.)

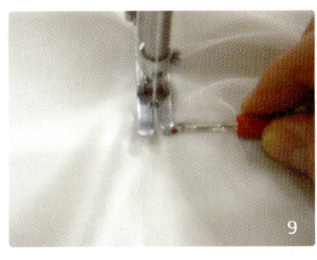

9 밑단 레이스를 사진과 같이 니퍼로 조금씩 위로 주름 접어 넣어 박음질한다.

10 뒤판을 지퍼 부위를 제외한 아랫부분을 레이스부터 박음질한다.

11 콘솔 지퍼를 달아준다.

12, 13 사진처럼 끝 부분을 접어 지퍼에 닿지 않도록 허리에 띠 레이스를 박는다.

봉제 노하우 4
서로 다른 원단 봉제법
박음질할 원단의 두께가 서로 다를 경우 더 얇은 원단을 위로 오도록 봉제한다. 그리고 주름을 잡을 경우 주름 잡은 원단이 위로 오도록 해야 주름이 밀리지 않는다.

봉제 시 같은 길이를 두고 박아도 위에 둔 원단이 잘 늘어지므로 두 원단 중 더 잘 늘어나는 원단을 아래쪽으로 두고 박아야 원단이 늘어져 길이가 달라지는 것을 방지할 수 있다.

 레이스 케이프

필요한 재료 레이스 원단 1마, 띠 레이스 1마, 고무 띠 레이스 1/2마, 똑딱단추 1개

키 100과 110 공통, 120, 130

재단하기
❶ 식서 방향에 상관없이 재단한다.
❷ 시접 없이 사이즈에 맞게 재단한다.
❸ 고무 띠 레이스는 31cm(100, 110 사이즈), 33cm(120 사이즈), 35cm(130 사이즈)로 2cm의 시접을 더하여 재단한다.

제도법(실물 패턴 외 제도법)

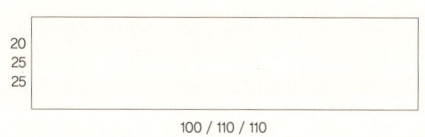

> **TIP**
> 레이스 원단은 올이 풀리지 않으므로 선택한 무늬의 방향대로 재단한다.

케이프 만들기

1, 2 필요한 분량만큼 사진처럼 레이스 원단을 재단하고 고무 띠 레이스를 준비한다.

3, 4 사진처럼 띠 레이스를 원단 레이스 밑단에서 1cm 꺾어 접어 좌우 옆선을 박음질한다.

  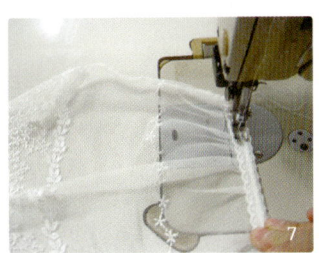

5 목선 부분 역시 띠 레이스를 1cm 안으로 꺾어 박음질한다.

6 고무 띠 레이스를 박기 전 원단 레이스 목 부분을 주름 잡아준다.

7 고무 띠 레이스 겉면이 위로 보이도록 놓고 띠 레이스와 같이 위아래 1cm씩 안으로 꺾어 박음질한다. 그리고 버튼홀 스티치로 똑딱단추를 달아준다.

봉제 노하우 5

실이 건너뛰거나 끊어질 때

- 먼저 바늘 끝을 확인하자. 바늘 끝이 뾰족하지 않으면 원단에 따라 올이 나갈 수도 있다.
- 바늘을 잘못 끼웠는지 확인하자. 가정용 바늘은 반원 모양이라 들어가는 대로 사용이 가능하나 공업용은 실이 들어가는 홈이 바깥쪽을 향하게 끼워야 한다.
- 원단의 두께를 확인하자. 원단이 바늘에 비해 너무 두꺼우면 실이 건너뛰거나 끊어진다.
- 실을 바르게 끼웠는지, 윗실과 밑실의 장력이 맞는지도 확인하자.

화이트 벌룬 드레스

필요한 재료 110cm 폭 원단 2~3마, 110cm 폭 펄 망사 1마, 띠 레이스 1마, 콘솔 지퍼(실물 크기의 패턴 활용)

키 90, 100, 110, 120, 130

재단하기
1. 옷감을 식서 방향으로 반 접어 패턴을 그림처럼 놓는다.
2. 초크(또는 실표 뜨기)로 패턴을 그린 후 재단한다.
3. 리본감은 시접 없이, 나머지는 1cm 시접으로 재단한다.
4. 몸판 장식 망사는 '세로+2cm' 또는 세로로 길게 재단하여 박음질 시 볼륨 조절도 가능하다.
5. 실물 패턴에서 상의 A, 화이트 벌룬 드레스(겉 스커트, 안 스커트), 뒷 리본 A, B, C를 사용한다.

* 지퍼는 사이즈별로(90~130) 지퍼 길이를 22, 25, 28, 31, 35cm로 하여 봉제 시 뒤판에 표시한 다음 지퍼를 달자.

제도법(실물 패턴 외 제도법)

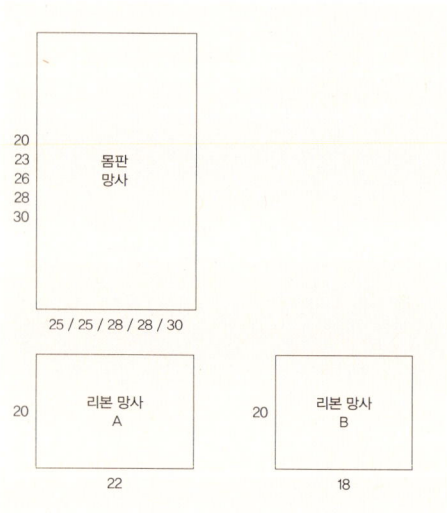

재단

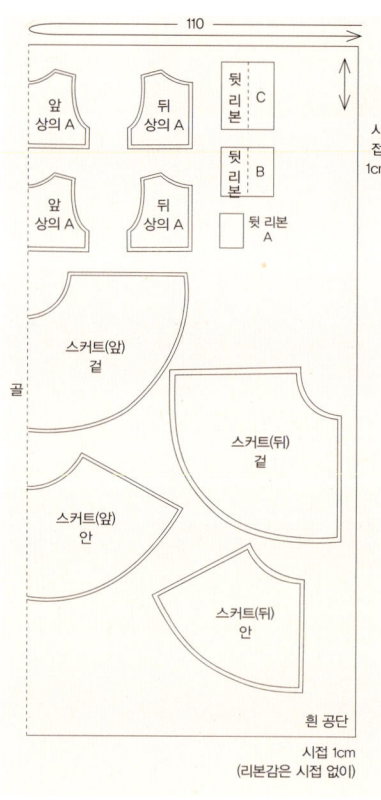

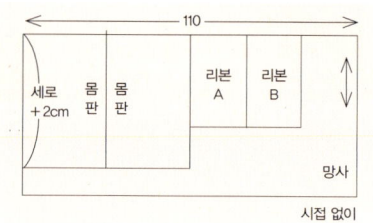

> **TIP**
> 몸판 망사에서 세로 길이를 치수보다 길게 재단하여 박음질 시 볼륨을 조절해도 된다.

몸판 레이스 달기

  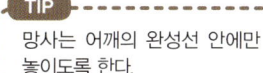

1 준비한 망사의 윗부분을 주름 잡아 겉감 어깨에 맞춘다.

2 주름이 고정되도록 박아준다.

TIP 망사는 어깨의 완성선 안에만 놓이도록 한다.

3 아래쪽 망사가 겹치도록 놓는다.

4 망사를 어깨에서부터 약간 여유를 주어 허리 부분을 고정시키기 위해 박음질한다.

TIP 손가락 3개 정도 들어갈 여유를 준다.

몸판 만들기

 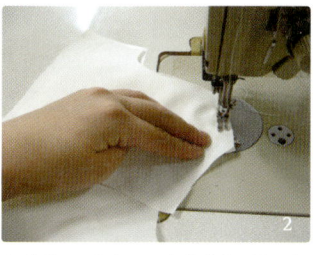

1, 2 앞 뒤판 어깨를 맞춰 겉과 겉끼리 마주 보게 놓고 어깨선을 박는다.

3 어깨만 박음질한 몸판 2장을 서로 겉과 겉끼리 마주 대고 목둘레와 진동둘레를 완성선 따라 박는다.

 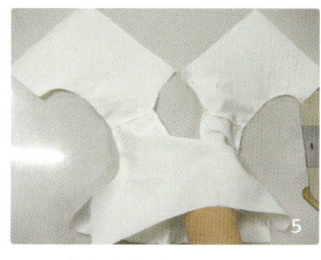

4 시접을 0.5cm만 남기고 자른 다음 가위 집을 준다.

5, 6 앞판 어깨 사이로 손을 넣어 뒤판을 뒤집어 낸다.

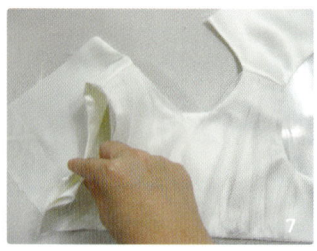  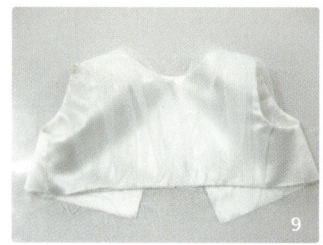

7 다림질한 다음 앞 뒤판의 옆선을 맞춘다.

8 속감의 옆선을 잡아 겉감의 옆선을 위로 올려준 다음, 겨드랑점을 잘 맞추어 완성선을 따라 박음질한다.

9 다림질한다.

스커트 만들기

 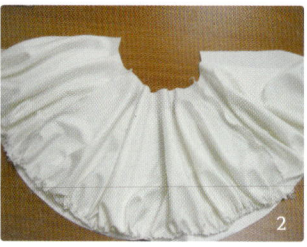 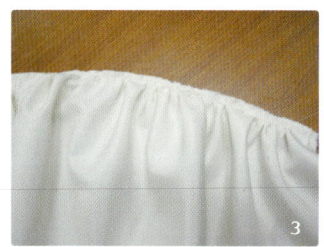 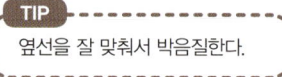

1 재단한 겉스커트, 안스커트 각각 옆선을 박음질한다.

2 겉스커트 밑단을 주름 잡아 안스커트 밑단 길이에 맞춘다.

3 완성선을 따라 박음질한다.

TIP 옆선을 잘 맞춰서 박음질한다.

  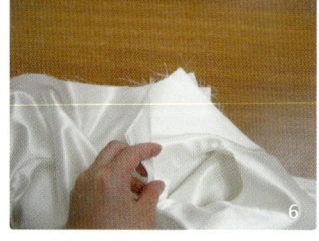

4 원단 겉이 보이도록 위로 올려 스커트를 겹친다.

5, 6 몸판 허리 부분에 맞춰 겉과 겉이 마주 보게 놓고 옆선을 맞추어 완성선 따라 박음질한다.

지퍼와 띠 레이스 달기

1 원피스 뒤판의 지퍼 부위를 맞춘다.

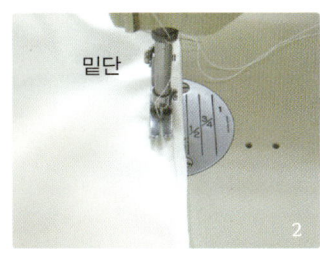

2 겉과 겉끼리 마주 대고 지퍼 위치를 남긴 다음 스커트 밑단까지 박음질한다.

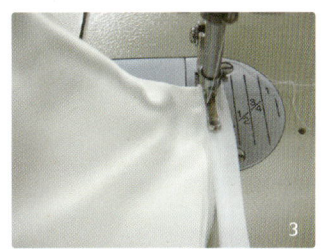

3 콘솔 지퍼를 달아준다.

4 띠 레이스를 허리 부위에 맞춘다.

5 뒤판의 지퍼 부위에서 띠 레이스를 허리 부위에 놓고 박음질한다.

리본 만들기

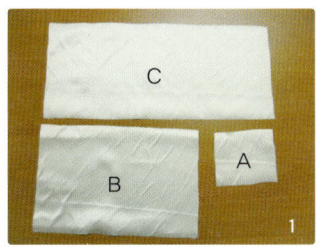

1 재단한 리본감은 사진과 같다.

2 A를 길게 반으로 접어 0.5cm 간격으로 박음질한다.

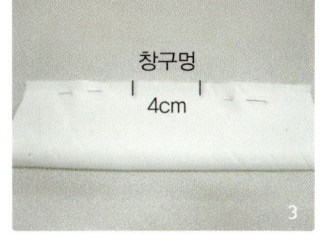

3 B를 길게 반으로 접어 사진과 같이 표시한 창구멍을 제외하고 박음질한다.

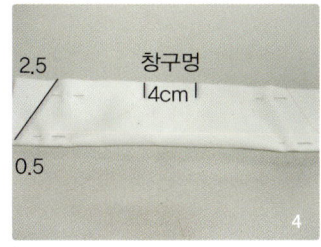

4 C를 길게 반으로 접어 사진과 같이 사선을 그린 다음 창구멍을 제외하고 박음질한다.

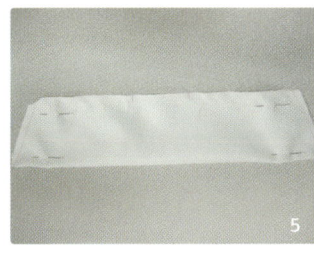

5, 6 C는 0.5cm 남기고 시접을 자르고 C, B 모서리 부분을 대각선으로 잘라낸다.

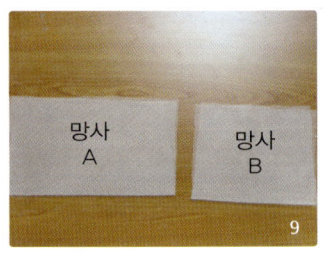

7, 8 뒤집어 다림질한 리본감은 사진처럼 3등분하여 손으로 접은 다음 실로 고정되도록 묶는다.

9 재단한 리본감 망사는 사진과 같다.

10, 11 손으로 각각 주름을 잡는다.

12 고정되도록 사진처럼 실로 묶는다.

13, 14 공단 리본 위에 망사 리본을 올려 만들어둔 A로 감싼다.

15, 16 공그르기로 고정한다.

17 만들어진 리본은 핀대에 붙인다.

벨벳 드레스

필요한 재료: 110cm 폭 벨벳 1~2마, 110cm 폭 망사 3~5마, 110cm 폭 흰 공단 1/2마, 콘솔 지퍼, 고무띠 레이스, 실크심 (실물 크기의 패턴 활용)

키: 90, 100, 110, 120, 130

재단하기:
1. 옷감을 식서 방향으로 반 접어 패턴을 그림처럼 놓는다.
2. 초크(또는 실표 뜨기)로 패턴을 그린 후 재단한다.
3. 리본감과 목바이어스는 시접 없이, 나머지는 1cm 시접으로 재단한다.
4. 망사는 세로로 '스커트 길이+2cm'로 여러 장 재단하여 통솔로 연결하여 사용한다.
5. 소매 중심, 소매 앞뒤 표시, 소매에 띠 레이스 박음 위치를 표시한다.
6. 실물 패턴에서 상의 A, 벨벳 드레스 스커트, 소매, 칼라 앞 리본 A, B, 뒷 리본 A, B, C를 사용한다.

* 지퍼는 사이즈별로(90~130) 지퍼 길이를 22, 25, 28, 31, 35cm로 하여 봉제 시 뒤판에 표시한 다음 지퍼를 달자.

제도법(실물 패턴 외 제도법)

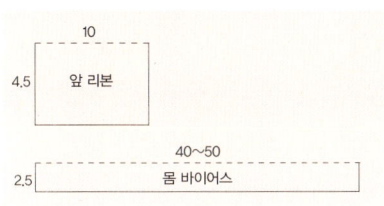

재단

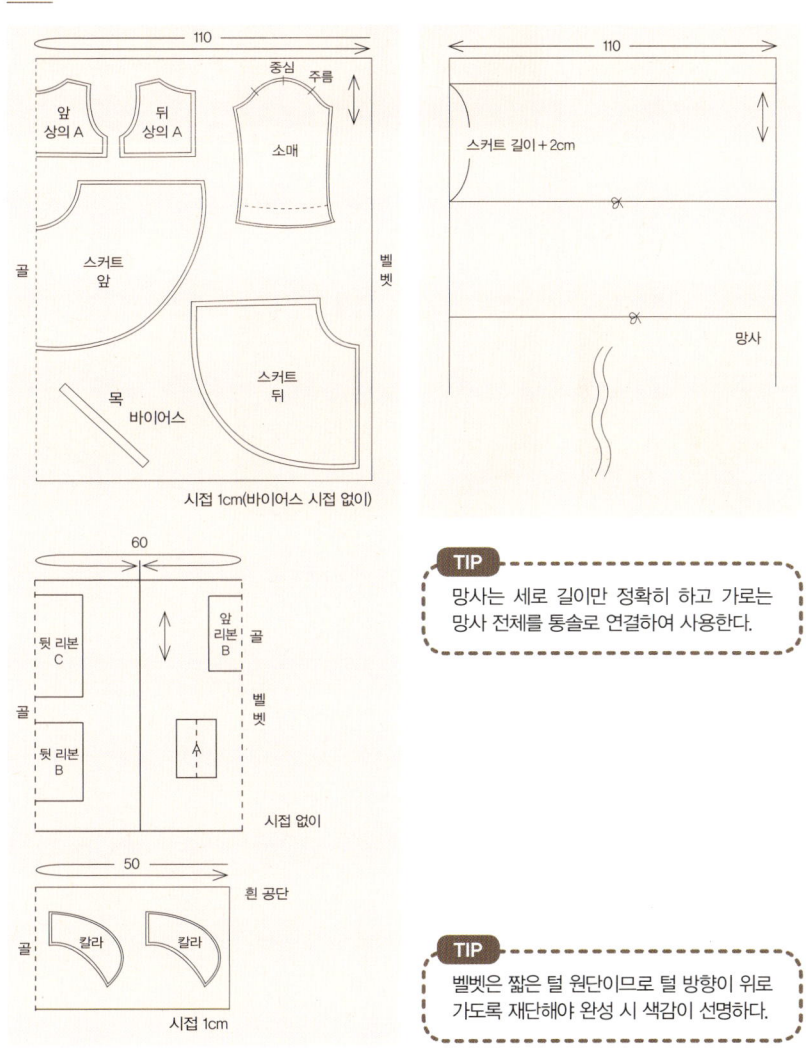

TIP: 망사는 세로 길이만 정확히 하고 가로는 망사 전체를 통솔로 연결하여 사용한다.

TIP: 벨벳은 짧은 털 원단이므로 털 방향이 위로 가도록 재단해야 완성 시 색감이 선명하다.

몸판 만들기

  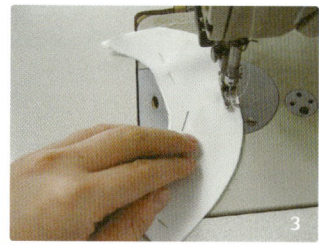

1 재단한 앞, 뒤판의 어깨선과 옆선을 맞추어 겉과 겉이 마주 보도록 놓고 박음질한다.

2 두 번씩 재단한 칼라에서 서로 대칭되는 2장의 칼라에만 실크심을 붙인다.

3 실크심을 붙인 칼라와 붙이지 않은 칼라의 겉과 겉이 마주 보도록 놓아 사진처럼 목 부분을 제외하고 박음질한다.

 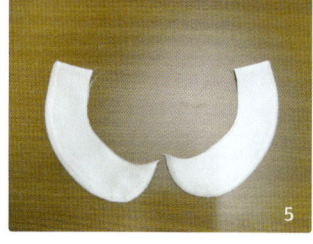

4 시접은 0.5cm만 남기고 자른 다음 각진 부위는 사진처럼 대각선으로 시접을 자른다.

5 뒤집어 다림질한다.

> **TIP** 실크심을 붙인 쪽이 겉으로 보일 부분이므로 꼼꼼하게 다린다.

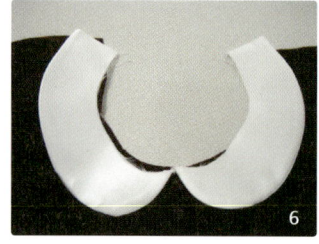 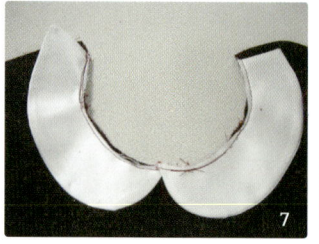

6 사진처럼 만든 칼라를 목 둘레에 놓는다.

7 시접에서 박음질하여 칼라를 몸판에 고정시켜 둔다.

> **TIP** 칼라는 뒤판 완성선까지만 놓이도록 한다.

소매 만들기

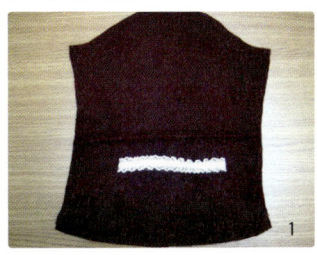

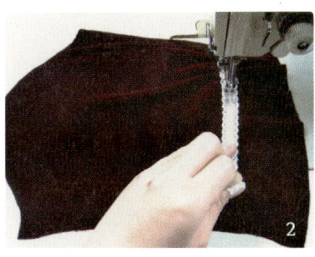

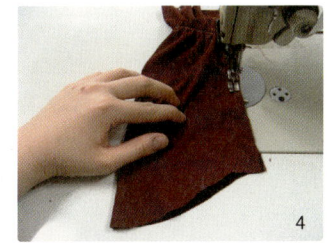

1 사진과 같이 재단한 소매에 고무 레이스를 소매 폭의 50%로 자른다.

2, 3 표시한 고무줄 위치에 고무 레이스를 당겨가며 박음질한다.

4 소매 옆선을 박음질하고 오버로크 처리한다.

5 소매 밑단은 오버로크 처리한 후 시접을 접어 박음질한다.

6, 7 표시한 부분까지 박음질하여 주름잡는다.

8 몸판의 진동둘레만큼 주름 잡은 다음 소매 위치를 겉에서 맞춘다.

9, 10 소매를 몸판 겉에서 맞춘 다음 시접을 손으로 잡아 안에서 박음질한다.

스커트 만들기

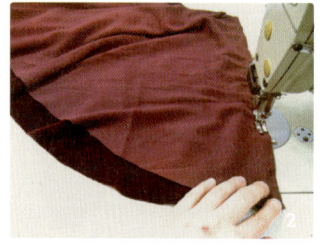

1 재단한 스커트의 옆선을 맞추어 겉과 겉이 서로 마주 보게 놓는다.

2 옆선을 완성선 따라 박음질한다.

3 스커트와 몸판의 허리 위치를 맞춘다.

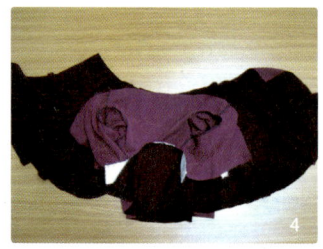

4 겉과 겉이 마주 보게 놓고 허리 부분을 박는다.

5 준비한 망사의 가장자리를 자르고 통솔로 연결한다.

6 주름 잡은 망사를 허리 부분에 맞춰 치마 아래쪽으로 놓는다.

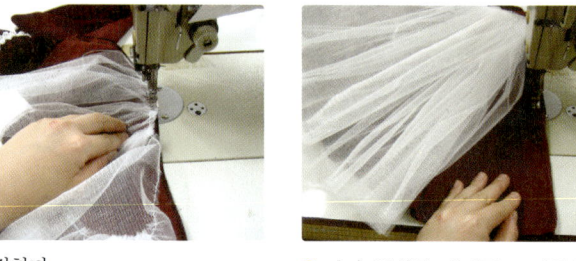

7, 8 망사를 허리 부분 시접에 맞춰 박음질한다.
(풍성한 느낌이 들도록 하려면 망사를 여러 겹 박음질한다.)

9 지퍼 부위를 남겨두고 뒷중심을 박음질한 후 콘솔 지퍼를 단다.

TIP 망사는 박음질이 되지 않도록 주의한다.

10 벨벳 스커트의 밑단은 오버로크 처리한 다음 시접을 접어 박음질한다.

마무리하기

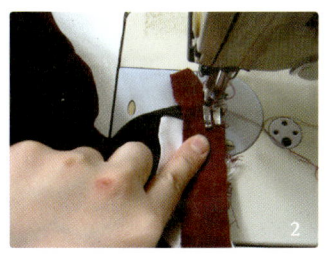
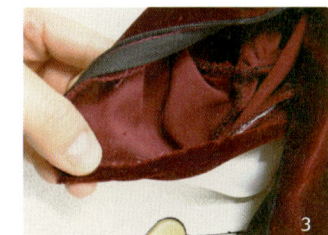

> **TIP**
> 목 부위 바이어스 박음질 시 원단 끝과 바이어스 끝을 맞춰 바이어스를 살짝 당기듯이 박은 후에 시접은 0.5cm 남기고 잘라준다.

1 허리 시접을 위로 올린 다음 겉에서 레이스 띠를 허리에 박음질한다.

2 사진처럼 겉에서 목둘레에 바이어스를 놓고 칼라 부위부터 완성선을 따라 박는다.

3 사진처럼 바이어스를 안으로 꺾는다.

4 지퍼 부분 밑으로 바이어스가 놓이도록 하고, 바이어스가 목둘레 시접을 감싸도록 접는다.

5 칼라가 박히지 않도록 펼친 다음 접은 바이어스 끝으로 박음질한다.

앞 리본 만들기

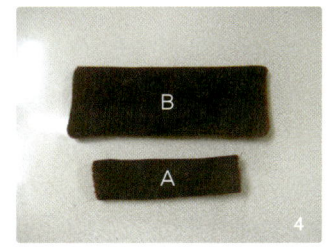

1 재단한 리본감 안에 실크심을 붙인다.

2 A는 길게 반 접어 0.5cm 간격으로 박음질한다.

3 B는 길게 반 접어 사진처럼 창구멍 3cm를 제외하고 박음질한다.

4 모서리 부분의 시접을 대각선으로 자른 다음 뒤집어 다림질한다.

5, 6 B를 손으로 주름 잡아 고정되도록 실로 묶는다.

7, 8 A를 감싼 다음 공그르기 하여 고정한다.

큰 리본 만들기

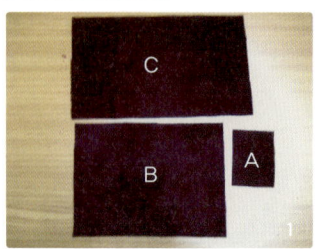 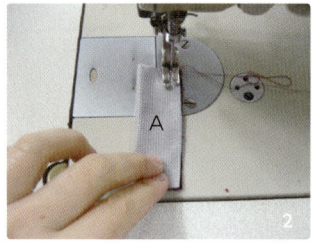  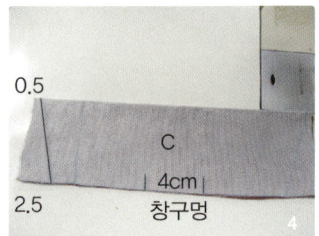

1 허리 리본을 재단하여 실크심을 붙인다.

2 A는 길게 반 접어 0.5cm 간격으로 박음질한다.

3 B는 길게 반 접어 사진처럼 창구멍을 제외하고 박음질한다.

4 C는 사진처럼 대각선으로 그린다.

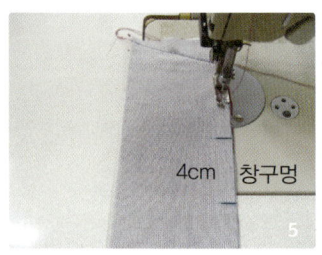   

5 창구멍을 제외하여 박음질하고, 시접을 자른다.

6 모서리 부분을 대각선으로 자른 다음 뒤집어 다림질한다.

7, 8 손으로 주름을 잡아 고정되도록 실로 묶는다.

9, 10, 11 A를 감싼 다음 공그르기 한다.

리본 달기

1 스커트 앞뒤 양옆을 손으로 주름 잡아 올려 손바느질로 고정한다.

2 만들어둔 리본을 공그르기 하여 달아준다.

할로윈 드레스 I

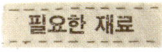 110cm 폭 진보라 공단 1마, 110cm 폭 연보라 공단 1마, 110cm 폭 빨간 공단 1/2마, 110cm 폭 노랑 공단 2마, 콘솔 지퍼, 실크심, 판대(실물 크기의 패턴 활용)

 90, 100, 110, 120, 130

❶ 옷감을 식서 방향으로 반 접어 패턴을 그림처럼 놓는다.
❷ 초크(또는 실표 뜨기)로 패턴을 그린 후 재단한다.
❸ 모든 패턴의 시접은 1cm로 재단한다.
❹ 칼라 끝 위치를 표시한다.
❺ 진보라 공단에서는 상의 A 뒤판, 노란 공단에서는 상의 A 앞판을 재단한다.
❻ 실물 패턴에서 상의 A, 할로윈 드레스 I 상의(앞-1, 앞-2), 소매, 칼라, 커프스를 사용한다.

* 지퍼는 사이즈별로(90~130) 지퍼 길이를 22, 25, 28, 31, 35cm로 하여 봉제 시 뒤판에 표시한 다음 지퍼를 달자.

제도법(실물 패턴 외 제도법)

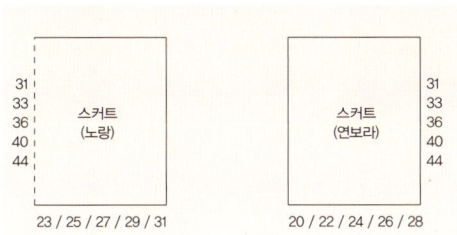

재단

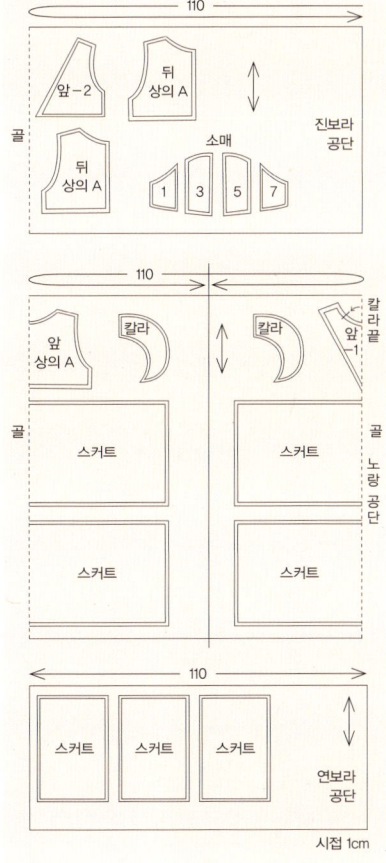

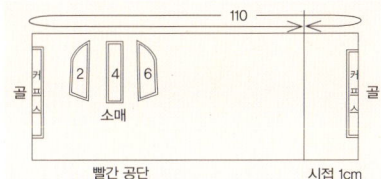

몸판 만들기

1 재단한 겉감 몸판의 조각을 사진과 같이 놓는다.

2 조각의 겉과 겉이 마주 보게 놓은 다음 완성선을 따라 박음질한다.

3, 4 겉감의 앞뒤 어깨 부분을 맞추어 겉과 겉이 마주 보도록 놓은 다음 박음질한다.

5 속감의 몸판도 위와 동일하게 어깨 부분을 박음질한다.

6 칼라에서 겉으로 보일 1쌍 안에 실크심을 붙인다.

7 사진과 같이 목 부분을 제외하고 박음질한다.

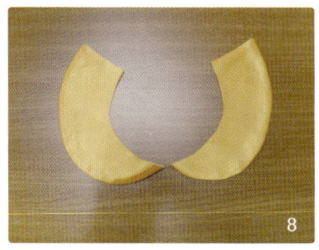

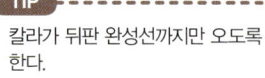

8 시접 0.5cm만 남기고 자른 다음 뒤집어 다림질한다.

9 만들어둔 칼라를 겉감 목둘레에 올린다.

10 시접에서 박음질하여 고정시킨다.

TIP 칼라가 뒤판 완성선까지만 오도록 한다.

11, 12 어깨를 연결한 속감을 겉감 위에 겉과 겉끼리 마주 보도록 놓은 다음 어깨를 맞춰 실크핀으로 고정한다.

13 목둘레 곡선을 박음질한다.

14 시접을 0.5cm 남기고 자른 다음 가위집을 준다.

15 시접을 속감쪽으로 꺽어 속감의 겉지쪽에서 0.1cm 상침한다.

16, 17 겉감은 겉감끼리, 속감은 속감끼리 각각 옆선을 박음질한다.

18 속감과 겉감의 진동 부위의 시접에서 박음질하여 고정시켜 둔다.

소매 만들기

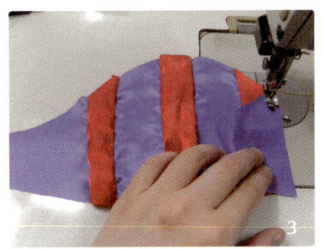

1, 2 사진처럼 소매를 재단하여 순서대로 나열한 다음 차례대로 박음질한다.

3, 4 완성선을 잘 맞춰 박은 다음 오버로크 처리한다.(빨강 2번에서 6번까지 주름을 잡는다.)

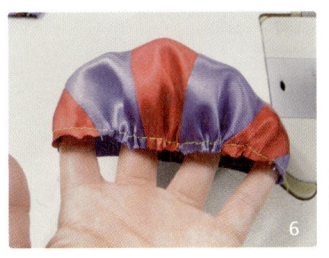

5 소매 옆선을 박음질한다.

6 패턴에서 표시된 부분을 주름 잡는다.

> **TIP**
> 소매 중심에서 양옆으로 15cm씩 표시하여 주름 잡아도 된다.

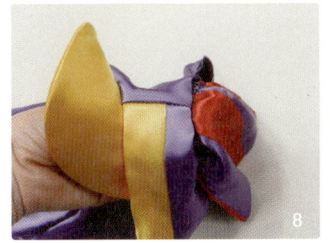

7, 8 겉에서 소매 위치를 잡은 다음 손을 안으로 넣어 몸판 시접과 소매 시접을 사진처럼 잡는다.

9, 10 완성선을 따라 진동 둘레를 박음질한다.

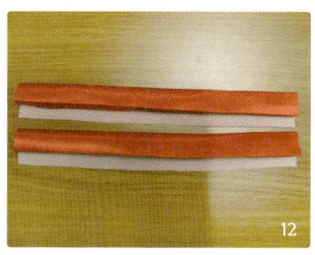

11 만들어둔 커프스 안쪽에 실크심을 붙인다.

12 반으로 접어 한쪽 면만 시접을 접어 올려 다린다.

13, 14 커프스 옆선을 맞추어 사진처럼 다림질한 시접을 펴서 박는다.

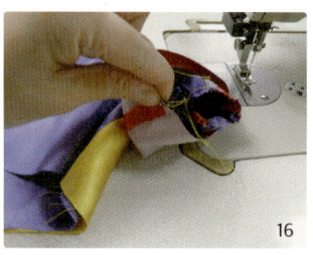

15 소매 밑단을 주름 잡아 커프스 둘레에 맞춘다.

16 소매 안쪽에서 커프스 안이 보이도록 접지 않은 시접을 맞춘다. (커프스 옆선과 소매 옆선이 맞도록 한다.)

17 완성선을 따라 박음질한다.

TIP 주름이 고르게 펴지도록 한다.

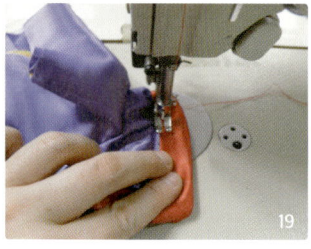

18 소매를 겉으로 뒤집어 커프스를 소매 완성선에 잘 맞춘다.

19, 20 커프스 선을 따라 가늘게 박음질한다.

스커트 만들기

  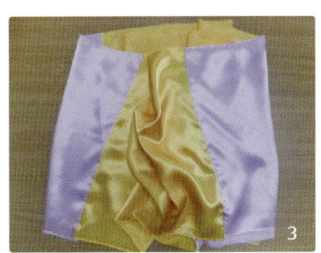

1, 2, 3 재단한 스커트 감을 소매처럼 연결하여 길게 1장을 만든다.
(노랑-보라-노랑-보라-노랑-보라-노랑 순으로 한다.)

4 연결한 스커트감의 허리 부분을 주름 잡는다.

5 주름 잡은 스커트를 몸판의 허리 부분와 맞춘다.

6 몸판의 겉과 스커트의 겉이 서로 마주 보게 놓고 완성선을 따라 박음질한다.

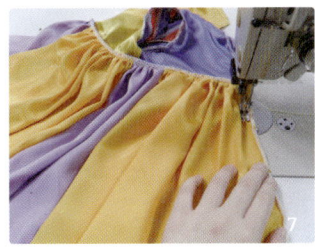  

7 뒷중심의 지퍼 위치를 제외하고 박음질한다.

8 콘솔 지퍼를 달아준다.

9 스커트 밑단은 0.5cm로 두 번 접어 박음질한다.

할로윈 드레스 II

필요한 재료 110cm 폭 화이트 원단 1마, 110cm 폭 펄 망사 3~5마, 110cm 폭 진 핑크 원단 1마, 110cm 폭 연 핑크 원단 1~1.5마, 콘솔지퍼, 진주구슬 2개(실물 크기의 패턴 활용)

키 90, 100, 110, 120, 130

재단하기
1. 옷감을 식서 방향으로 반 접어 패턴을 그림처럼 놓는다.
2. 초크(또는 실표 뜨기)로 패턴을 그린 후 재단한다.
3. 꽃잎 시접은 0.5cm, 나머지는 1cm 시접으로 재단한다.
4. 망사는 '길이+1cm'로 여러 장 재단하여 통솔로 2~3장씩 연결한 후 사용한다.
5. 실물 패턴에서 상의 A, 할로윈 드레스 II 소매, 꽃잎, 커프스를 사용한다.

* 지퍼는 사이즈별로(90~130) 지퍼 길이를 22, 25, 28, 31, 35cm로 하여 봉제 시 뒤판에 표시한 다음 지퍼를 달자.

제도법(실물 패턴 외 제도법)

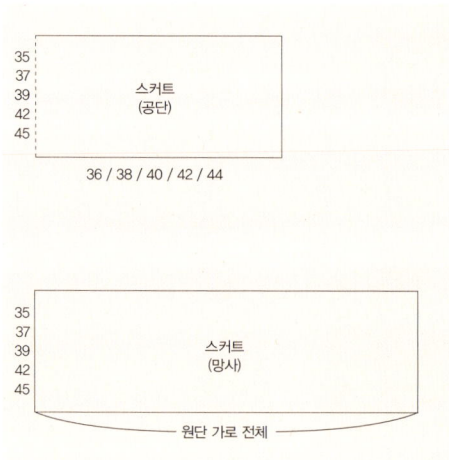

재단

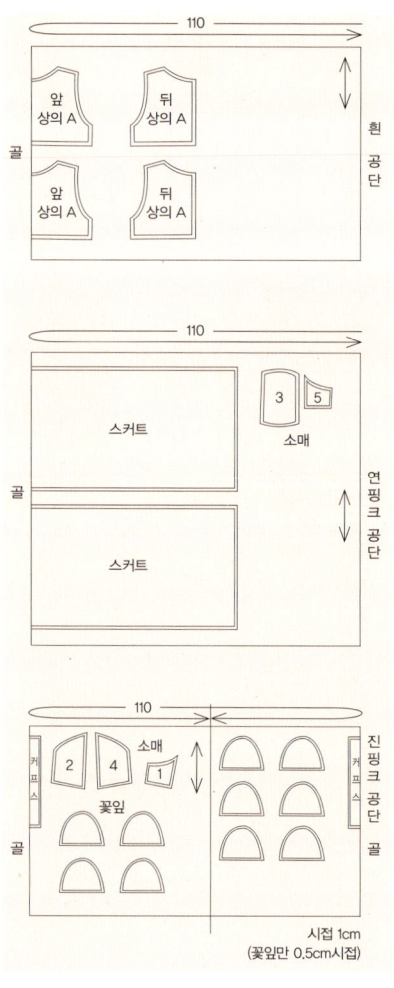

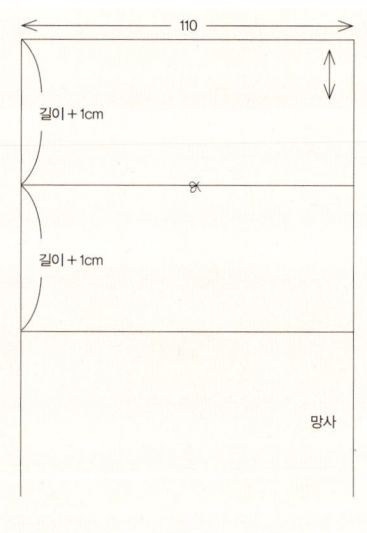

TIP 망사를 '길이+1cm'로 여러 번 재단하여 2~3장씩 통솔로 연결한 후 사용한다.

몸판 만들기

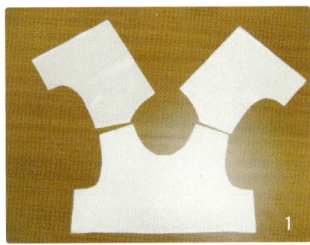  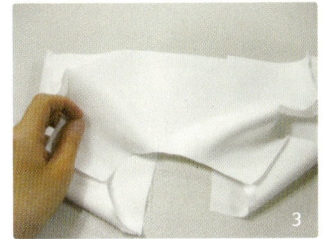

1 두 번씩 재단한 앞, 뒤판의 어깨를 맞춘다.

2 속감과 겉감을 각각 어깨선과 옆선을 박음질한다.

3 어깨와 옆선을 박음질한 속감과 겉감을 겉과 겉이 마주 보도록 맞춘다.

4 목둘레 완성선을 따라 박은 다음 시접은 0.5cm 자르고 가위 집을 준다.

5, 6 시접을 속감 쪽으로 꺾은 다음 속감의 겉지 쪽에서 0.1cm로 상침한다.

7 목둘레선을 다림질한다.

소매 만들기

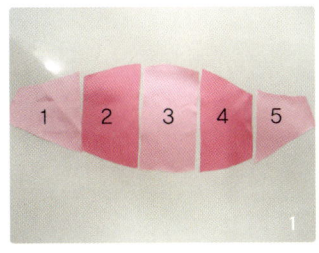  

1 재단한 소매의 조각들을 나열한다.

2 소매 조각을 차례대로 박음질하고 오버로크 처리한다.

3, 4 다림질한 소매의 옆선을 박음질한다.

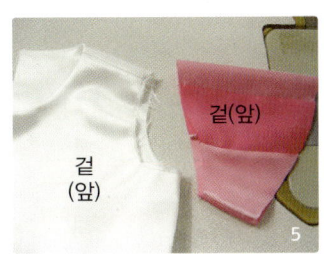 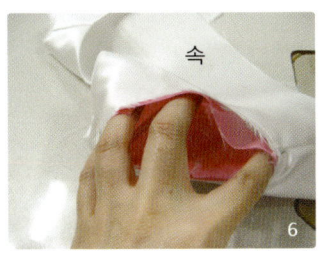  

5 몸판의 진동 부위에 소매를 맞춘다.

6 소매 겉과 몸판 겉이 마주 보게 안쪽에서 시접을 잡는다.

7 진동둘레 완성선을 따라 박음질한다.

8 소매를 박음질한 모습은 사진과 같다.

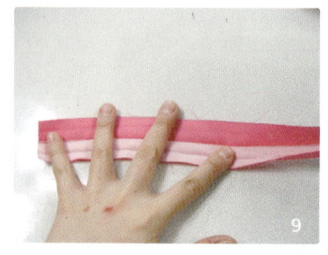  

TIP 빳빳한 느낌을 더 살리려면 커프스 전체에 실크심을 붙인다.

9 재단한 커프스 안쪽에 실크심을 밖으로 보이는 반쪽 부분에만 붙인다.

10 커프스를 길게 반으로 접고 심지 붙인 면만 시접을 접어 올려 다림질한다.

11 다림질한 시접을 펴서 커프스 옆선을 박아 둥글게 만든다.

12 소매 밑단을 주름 잡는다.

13 소매 안쪽에서 커프스 안이 보이도록 접지 않은 시접을 맞춰 박는다. (커프스 옆선과 소매 옆선이 맞도록 한다.)

14 소매를 겉으로 뒤집은 다음 커프스를 소매 완성선에 잘 맞춘 다음 가늘게 박는다.

15 커프스 박은 모습은 사진과 같다.

스커트 만들기

1, 2 재단한 스커트 앞중심 쪽을 0.5cm씩 두 번 접어 박음질한 다음 몸판 중심에 맞춘다.

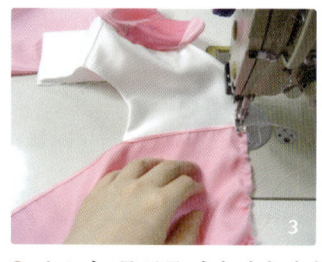 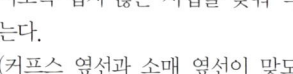

TIP 이때 중심이 벌어지지 않도록 주의한다.

3, 4 스커트를 주름 잡아 겉과 겉이 마주 보도록 하여 허리 완성선을 따라 박는다.

> **TIP**
> 풍성하게 하기 위해서는 3장씩 연결한다.

5, 6 재단한 망사의 가장자리를 자르고 2장을 통솔로 연결한다.

 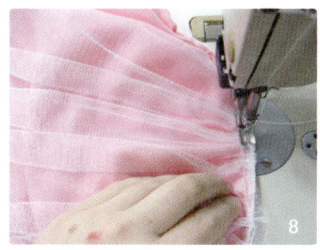 

7 망사를 주름 잡아 허리 부분에 맞춘다.

8 허리 시접에 박음질한다.

9 풍성하게 보이도록 2장씩 연결한 망사를 2~3장 위로 겹쳐 박음질한다.

 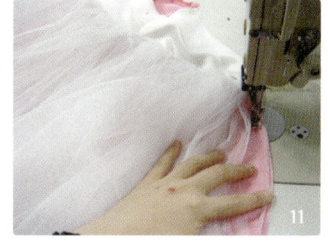

> **TIP**
> 이때 망사가 박히지 않도록 주의한다.

10 스커트 밑단을 0.5cm씩 두 번 접어 박음질한다.

11 뒷판의 지퍼 부위를 제외한 아래쪽으로 박고 콘솔 지퍼를 단다.

꽃 만들기

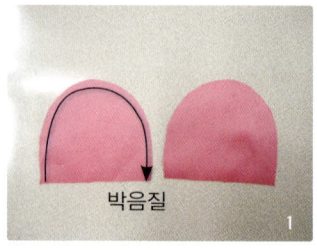  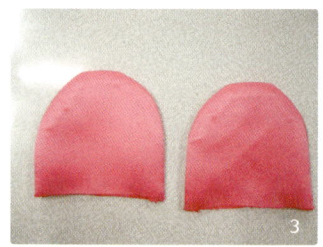

1, 2 꽃잎감을 재단하여 2장씩 겉과 겉이 마주 보도록 놓고 곡선만 박음질한다.

3 가위 집을 주고 뒤집어 다림질한다.

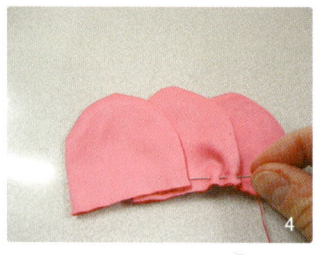  

4 꽃잎 5장을 차례로 겹치게 두어 손 바늘로 홈질한다.
(꽃 1개에 꽃잎이 5장 필요하다)

5 홈질한 실을 당기면 사진처럼 된다.

6 같은 방법으로 꽃을 2개 만든다.

   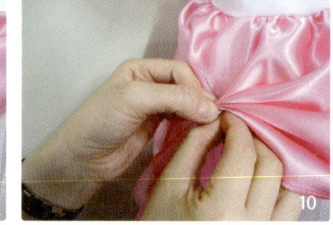

7, 8 꽃잎을 펴서 가운데 진주 구슬을 달아준다.

9, 10 앞쪽의 스커트 원단을 사진처럼 손으로 접어 올려 손 바늘로 고정시키고 꽃을 달아준다.

레드 드레스

필요한 재료	110cm 폭 빨간 공단 2~3마, 흰 공단 1/2마, 실크심, 콘솔 지퍼, 구슬 15개(실물 크기의 패턴 활용)
키	90, 100, 110, 120, 130
재단하기	❶ 옷감을 식서 방향으로 반 접어 패턴을 그림처럼 놓는다. ❷ 초크(또는 실표 뜨기)로 패턴을 그린 후 재단한다. ❸ 요요는 시접 없이, 나머지는 1cm 시접으로 재단한다. ❹ 실물 패턴에서 상의 A, 레드 드레스 스커트 A, 요요를 사용한다.

* 지퍼는 사이즈별로(90~130) 지퍼 길이를 22, 25, 28, 31, 35cm로 하여 봉제 시 뒤판에 표시한 다음 지퍼를 달자.

제도법(실물 패턴 외 제도법)

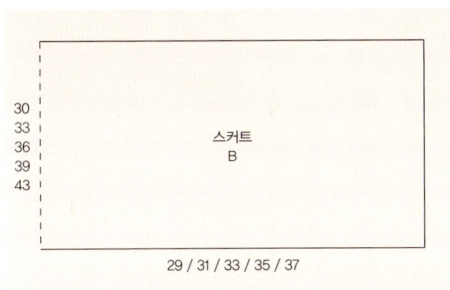

재단

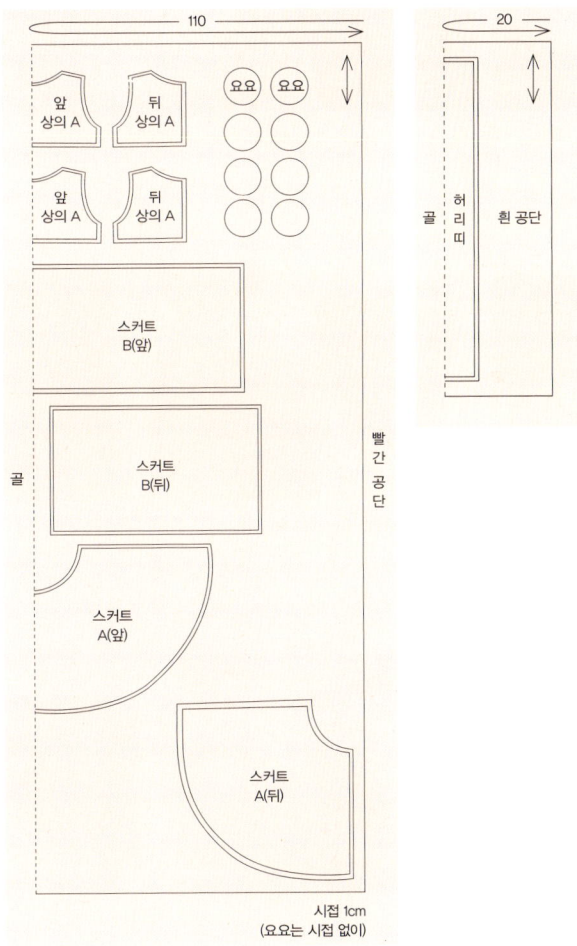

몸판 만들기

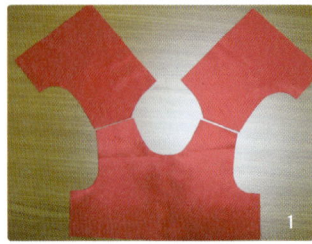  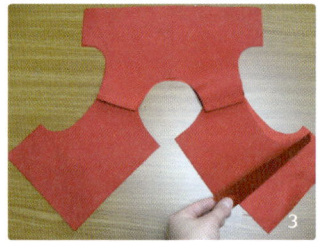

1 재단한 몸판의 앞뒤 어깨 부분을 맞춘다.

2 겉과 겉을 마주 보게 놓고 완성선을 따라 어깨선을 박는다.
(속감의 몸판도 겉감과 동일하게 어깨를 박음질한다.)

3 박음질한 2장의 몸판 겉과 겉이 마주 보게 놓은 다음 어깨 부위를 실크핀으로 고정시킨다.

4, 5 목 곡선의 완성선을 따라 박음질한 다음 시접을 0.5cm로 자른 다음 가위집을 준다.

6 시접을 속감으로 넘긴 다음 사진과 같이 0.1cm 간격으로 가늘게 상침한다.

7 진동 부분의 어깨를 고정시킨 다음 진동 부분의 곡선만 완성선을 따라 박음질한다.

8 시접을 0.5cm로 자른 다음 곡선 부분에 가위 집을 준다.

9 앞판의 어깨쪽으로 뒷판을 뒤집어 낸다.

10 다림질한 모습은 사진과 같다.

11, 12 사진과 같이 옆선을 맞추어 속감의 옆선을 잡아 겉감의 옆선을 위로 올려준다.

13, 14 겨드랑점을 잘 맞추어 옆선 완성선을 따라 박음질한 다음 다림질한다.

스커트 만들기

 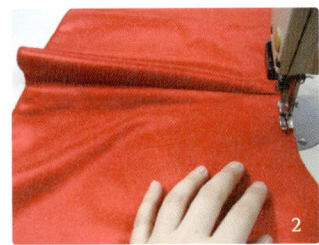

1 재단한 A 스커트 옆선을 겉과 겉이 마주 보도록 놓고 박음질한다.

2, 3 허리 부분을 박음질하여 주름 잡는다.

몸판과 스커트 연결하기

  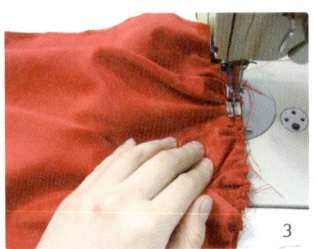

1 주름 잡은 A 스커트와 상의의 허리 부분을 맞춘다.

2 겉과 겉이 마주 보도록 놓고 옆선을 실크핀으로 고정시킨다.

3 완성선을 따라 박음질한다.

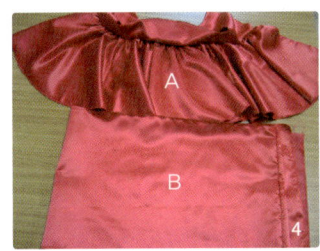 

4, 5 재단한 B 스커트의 옆선을 박음질한 후 허리 부분을 주름 잡는다.

6 허리 부분의 길이와 맞추어 겉과 겉이 마주 보도록 A 스커트 위에 놓고 옆선을 실크핀으로 고정시킨다.

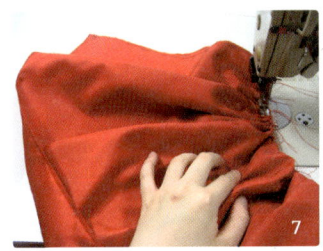   

7, 8 완성선을 따라 박음질한다.

9, 10 스커트의 밑단은 각각 0.5cm씩 두 번 접어 박음질한다.

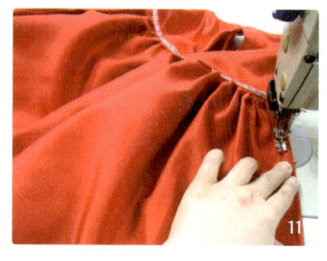

11 뒷중심선 지퍼 부분을 제외하고 박음질한다.

12 콘솔 지퍼를 달아준다.

요요 만들기

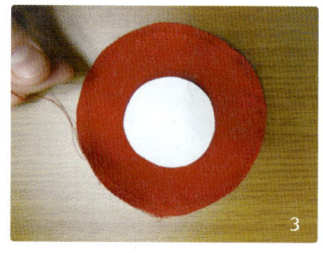

1 재단한 요요의 가장자리를 같은 색상 실로 오버로크 처리한다.

2 오버로크 선을 따라 주름 잡는다.

3, 4 완성선의 크기만큼 두꺼운 종이로 만들어 원단 가운데 놓은 다음 주름을 당긴다.

5 주름을 당긴 다음 종이를 제거한다.

6, 7, 8 종이를 제거한 후 바짝 당긴 실에 바늘을 끼워 진주 1알을 넣고 고정시킨다.

9 매듭은 요요 뒷면에서 한다.

10 완성된 모습은 사진과 같다.

스커트에 장식(요요) 달기

1 B 스커트를 전체 12등분하여 핀으로 표시한다.

TIP 앞. 뒤 중심과 옆선에 한 개씩 배분하고 그 사이를 3등분하면 된다.

2 등분 나눈 부분마다 만들어 둔 요요를 실크핀으로 고정한다.

  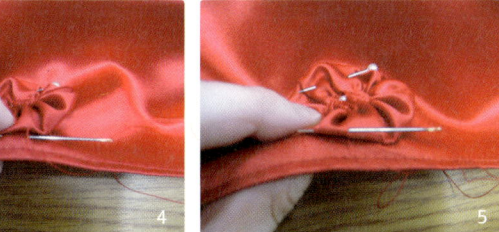

3, 4, 5 고정시킨 요요를 사진과 같이 공그르기 한다.

6 요요를 단 모습은 사진과 같다.

허리띠 만들기

1 재단된 끈은 안쪽이 보이도록 길게 접은 다음 긴 한쪽 면만 박음질한다.

2 뒤집어 다림질한다.

3, 4 허리에 끈을 맞춰 사진과 같이 끈 시접을 접어 가늘게 박는다.

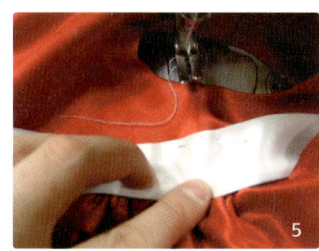

5 옆선이 고정되도록 끈과 같은 색 실로 옆선을 따라 끈 위에 박는다.

6 앞 허리띠 위에 만들어 둔 요요 3개를 등분하여 핀으로 고정한 후 공그르기 한다.

레드 볼레로

필요한 재료	110cm 폭 빨간 공단 1마, 장식 구슬 3개(실물 크기의 패턴 활용)
키	90, 100, 110, 120, 130
재단하기	❶ 옷감을 식서 방향으로 반 접어 패턴을 그림처럼 놓는다. ❷ 초크(또는 실표 뜨기)로 패턴을 그린 후 재단한다. ❸ 소매 달릴 부위, 소매 주름 부분 그리고 창구멍을 원단에 표시한다. ❹ 요요는 시접 없이, 나머지는 1cm 시접으로 재단한다. ❺ 실물 패턴에서 레드 볼레로 상의, 소매를 사용한다.

재단

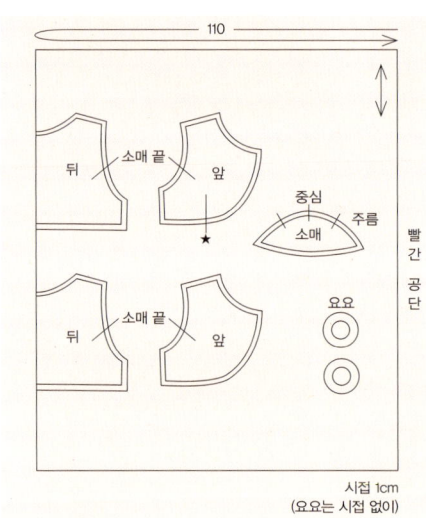

시접 1cm
(요요는 시접 없이)

> **TIP**
> 소매 재단 시 반드시 중심, 주름 그리고 앞, 뒤 표시를 한다.

봉제 노하우 6

너치는 최대한 활용

너치는 재단할 때 가위로 필요한 위치에 살짝 가윗밥을 넣어주는 것으로, 봉제 시 너치만 맞추더라도 박을 때 밀리지 않는다. 목선, 소매 중심에 너치를 주면 중심을 고정시킬 수 있어 중심에서 좌우로 곡선을 박음질하면 된다. 그러나 올이 잘 풀리는 원단에는 너치를 주지 말자. 대신 실표로 표시하는 것이 좋다.

몸판에 소매 달기

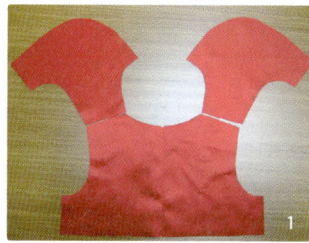

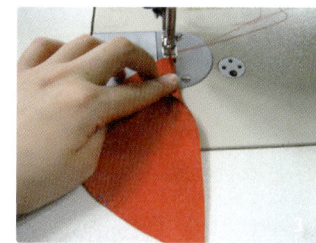

1 재단한 몸판의 앞뒤 어깨 부분을 맞춘다.

2 겉과 겉을 마주 보게 놓고 완성선을 따라 어깨선을 박는다.
(속감의 몸판도 겉감과 동일하게 어깨를 박음질한다.)

3 소매 밑단을 0.5cm씩 두 번 접어 박음질한다.

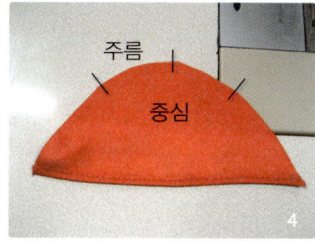

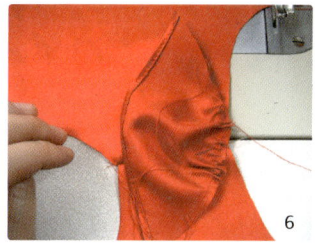

4 다림질한 다음 소매 중심에서 양 옆으로 패턴에 표시된 부분까지 주름을 잡아준다.

5 주름 잡은 소매를 소매 중심과 어깨선을 맞춘다.

6, 7 겉과 겉이 마주 보게 놓은 다음 소매 달림 위치부터 박음질하여 소매를 달아준다.

겉감과 속감 연결하기

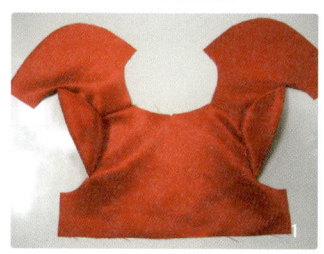
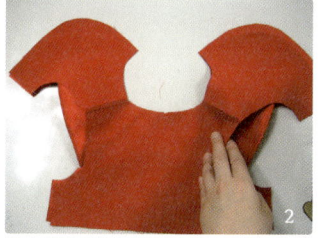

1, 2 양쪽 소매를 모두 박음질한 다음 겉감과 속감의 겉과 겉이 마주 보게 어깨선을 맞춰 놓은 다음 고정시킨다.

3, 4 목 완성선을 따라 박음질한 다음 시접을 0.5cm로 자르고 가위 집을 준다.

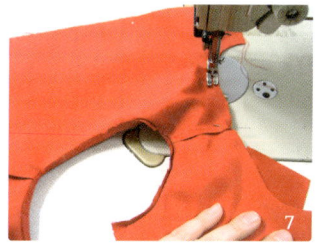

5, 6 목 부분의 시접을 속감으로 넘긴 다음 사진과 같이 속감 쪽으로 완성선 부분부터 0.1cm 상침한다.

7, 8 다시 뒤집은 다음 소매를 안쪽으로 넘겨 고정시키고 진동 부분의 곡선만 완성선을 따라 박음질한다.

 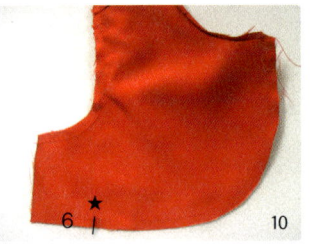  

9 시접을 0.5cm로 자른 다음 곡선 부분에 가위 집을 준다.

10 사진과 같이 옆선에서 6cm 남기고 ★표시까지 완성선을 따라 박음질한다.

11, 12 뒤판의 어깨 쪽으로 앞판을 뒤집어 다림질한다.

옆선 박음질 및 마무리하기

1 옆선을 맞춰 안감의 옆선을 잡아 겉감의 옆선을 위로 올려준다.

2 겨드랑점을 잘 맞추어 완성선을 따라 박음질한다.

3, 4 밑단을 다시 안쪽으로 뒤집어 옆선을 잘 맞춰준다.

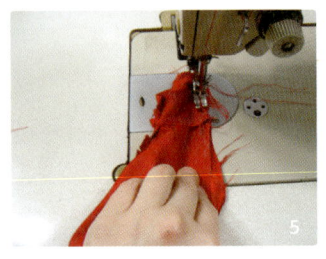 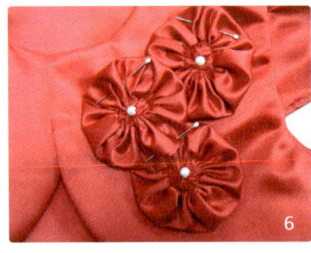

5 패턴에 표시된 창구멍을 남기고 완성선 따라 박음질한 다음 뒤집어 다림질 후 창구멍을 공그르기로 막는다.

6, 7 미리 만들어 둔 요요 장식을 왼쪽 가슴에 사진과 같이 겹쳐 실크핀으로 고정시킨 후 공그르기 한다.

머리띠형 보닛

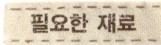 110cm 폭 흰 공단 1/2마, 110cm 폭 빨간 공단 1/2마, 레이스 원단 1마, 고무레이스 1마, 스팽글 레이스 1마(실물 크기의 패턴 활용)

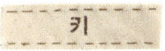 80, 90

재단하기
1. 옷감을 식서 방향으로 반 접어 패턴을 그림처럼 놓는다.
2. 초크(또는 실표 뜨기)로 패턴을 그린 후 재단한다.
3. 끈이 달릴 부위와 창구멍을 원단에 표시한다.
4. 시접은 전체 1cm로 한다.
5. 레이스는 너비 5cm, 6.5cm로 박을 부분의 2배 길이가 되도록 재단한다.
6. 베넷 모자의 레이스는 조금 크게 사각으로 재단한다.
7. 실물 패턴에서 머리띠형 보닛을 사용한다.

제도법(실물 패턴 외 제도법)

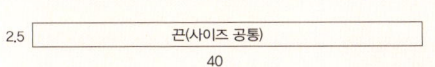

재단

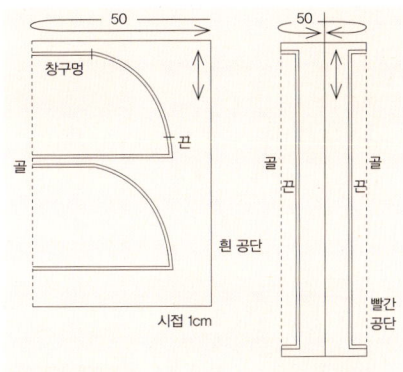

봉제 노하우 7

원단의 겉과 안 구별

겉과 안의 구별이 힘든 원단은 가장자리 마감 처리된 부분의 바늘구멍을 만져보아 매끄러운 면을 겉으로 사용한다. 그러나 이것은 모든 원단의 공통사항이 아니므로 가장자리 글씨가 똑바로 찍힌 쪽, 원단의 결이나 무늬가 선명한 쪽, 매끄럽고 광택이 나는 쪽을 겉으로 사용하면 된다.

머리띠 만들기

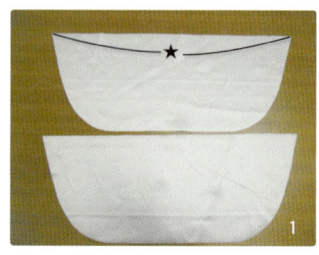

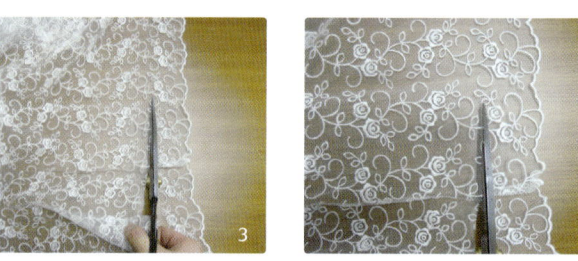

1 시접 1cm로 2장 재단한다.

2, 3 준비된 레이스 가장자리를 활용하기 위하여 5cm 너비로 ★부분 길이의 2배로 자른다.

4 반대쪽 가장자리에서는 6.5cm 너비로 ★부분 길이의 2배로 자른다.

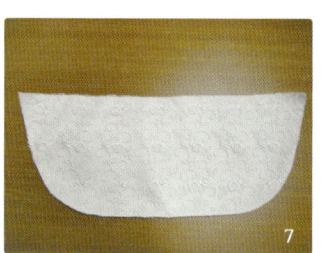

5 재단한 것보다 넓게 자른 레이스를 재단한 겉면 위에 레이스의 겉면이 보이도록 올린다.

6, 7 맨 가장자리 따라 박음질한 다음 외곽선을 따라 사진과 같이 레이스를 자른다.

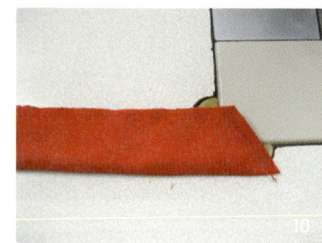

8, 9 사진과 같이 옆선을 맞추어 속감의 옆선을 잡아 겉감의 옆선을 위로 올려준다.

10, 11 사선으로 박음질한 부분의 시접을 0.5cm만 남기고 자른 다음 뒤집는다.

12 5cm 너비로 자른 레이스를 주름 잡아 겉과 겉이 마주 보도록 놓아 사진과 같이 완성선에서부터 산 모양이 되도록 박음질하여 고정시킨다.

13 레이스를 마지막 부분에서도 사진과 같이 산 모양이 되도록 바깥으로 레이스를 꺾어서 고정시킨다.

> **TIP**
> 완성선까지만 주름이 잡히도록 한다.

  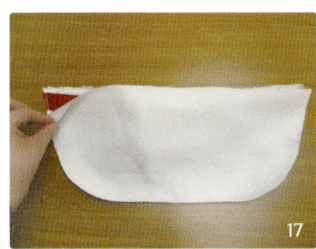

14 6.5cm 레이스를 주름 잡아 앞의 방법으로 5cm 레이스 박음 위에 고정되도록 박음질한다.

15, 16 만들어둔 끈을 안으로 고정시켜 레이스 바로 아래, 패턴에서 ★ 위치에 박음질한다.

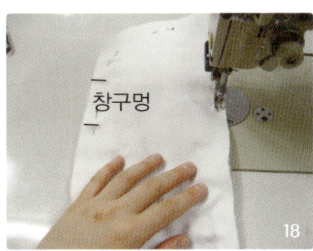 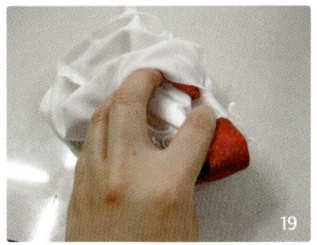 

17, 18 재단한 모자감을 겉과 겉이 마주 보도록 놓고 사진과 같이 창구멍을 제외하고 박음질한다.

19 창구멍으로 뒤집어 다림질한 후 공그르기로 막는다.

20, 21 고무 레이스를 사진처럼 두 겹으로 레이스 장식을 한 부분을 제외한 3면에 30% 정도 당기는 느낌으로 외곽선 따라 박음질한다.

22, 23 앞부분의 두 겹 레이스 위에 스팽글 레이스를 박음질하여 장식한다.

Part 4

For a special day...

우리 아이의 첫 번째 생일.
아들, 딸 구별 없이
엄마, 아빠까지 멋지게 세트로 입을 수 있는 옷과 소품을 소개한다.

남아 조끼

필요한 재료 110cm 폭 나염 공단 1마, 110cm 폭 단색 공단 1마, 단추 3개, 똑딱단추, 실크심(실물 크기의 패턴 활용)

키 90

재단하기
① 옷감을 식서 방향으로 반 접어 패턴을 그림처럼 놓는다.
② 초크(또는 실표 뜨기)로 패턴을 그린 후 재단한다.
③ 단추 부위, 주머니 위치, 창구멍을 원단에 표시한다.
④ 시접을 전체 1cm로 한다.(주머니감의 시접은 0.5cm로 한다.)
⑤ 실물 패턴에서 남아 조끼(A, B 중 선택), 주머니를 사용한다.

재단

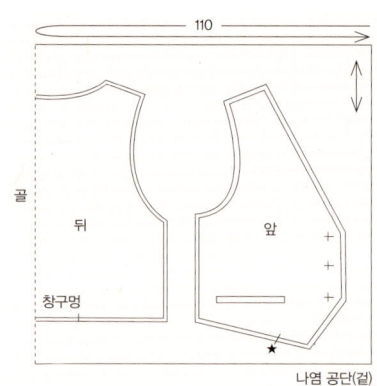
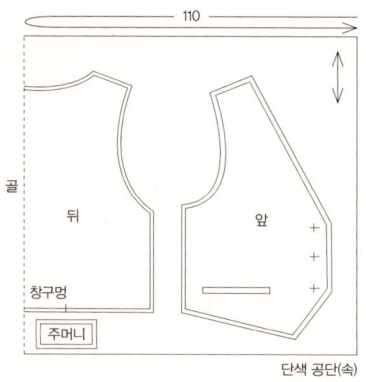

시접 1cm(주머니감 시접 0.5cm)

몸판 연결하기

> **TIP**
> 빳빳한 형태로 유지하고 싶다면 나염 공단(겉지)의 앞, 뒤판 안쪽 면에 실크심을 전체적으로 붙이고 박음질을 시작한다.

1, 2 재단한 겉감의 앞, 뒤판의 어깨를 맞춘다.

3, 4 어깨의 겉과 겉을 마주 보게 두고 완성선을 따라 박음질한 후 시접을 뒤판으로 넘겨 다린다.

5 속감의 원단을 겉감과 동일한 방법으로 박음질한 후 시접을 앞판으로 넘겨 다린다.

주머니 달기

1, 2 0.5cm 시접을 주어 주머니감을 자른 다음 실크심을 붙인다.

3 길게 반으로 접은 다음 양 옆을 완성선 따라 박음질한다.

4 모서리 부분을 대각선으로 자른다.

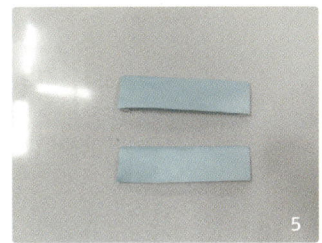 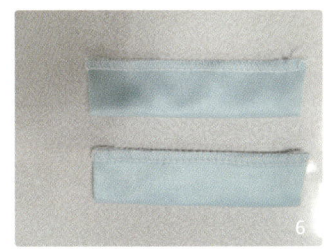 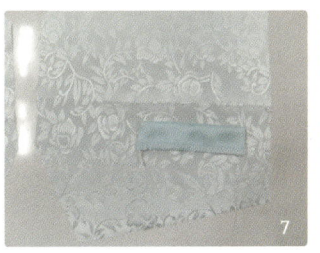

5 뒤집어 다림질한다.

6 아랫부분을 오버로크 처리한다.

7, 8 몸판에 표시된 위치에 만든 주머니를 올린 다음 아래로 뒤집어 실크핀으로 고정시킨다.

9 완성선을 따라 박음질한다.

10 위로 접어 올려 실크핀으로 고정시킨다.

11, 12 사진과 같이 위쪽을 제외한 3면을 가늘게 상침한다.

겉감과 속감 연결하기

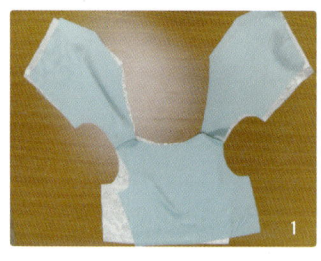

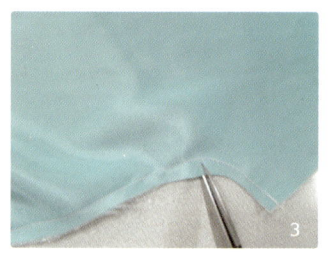

1 어깨가 박음질 된 겉감와 속감의 겉과 겉이 마주 보도록 놓은 다음 실크핀으로 어깨를 맞추어 고정시킨다.

2 완성선을 따라 진동의 곡선 부위만 박음질한다.

3 시접을 0.5cm만 남기고 자른 다음 곡이 심한 부분에는 가위 집을 넣어준다.

4 진동의 시접을 속감쪽으로 꺾어 다림질한다.

5 사진과 같이 속감 쪽으로 가늘게 상침한다.

6 다시 뒤집어 안쪽에서 사진과 같이 ★ **표시된 부분**부터 목 부분을 지나 반대쪽 같은 ★ **부분까지** 박음질한다.

7 시접을 0.5cm만 남기고 자른 다음 곡선 부위에 가위 집을 넣어준다.

8, 9, 10, 11 뒤판 어깨 구멍 사이로 손가락을 넣어 사진과 같이 앞판을 당겨낸다.

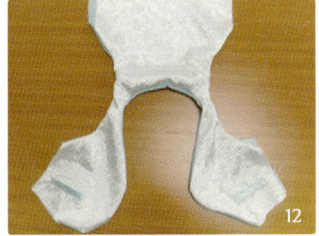

12 어깨 사이로 당겨낸 다음 다림질한다.

옆선 박음질 및 마무리하기

 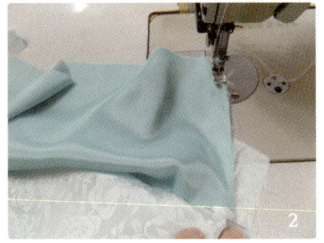

1, 2 옆선의 속감을 잡은 다음 겉감을 위로 올린다.

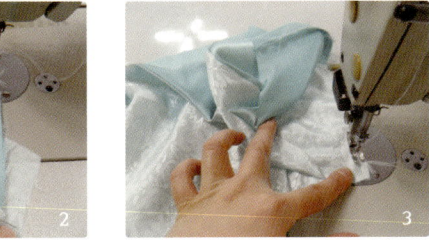 

3, 4 완성선을 따라 박음질한 다음 가름솔로 다린다.

5 밑단 부분을 박음질하기 위해 다시 뒤집어 준다.

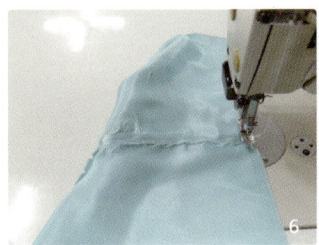

6, 7 창구멍을 제외하고 완성선을 따라 밑단을 박음질한다.

8, 9 창구멍으로 뒤집어 다림질한 다음 공그르기로 막는다.

10 입었을 때 왼쪽이 위로 오도록 겹쳐 안에는 똑딱 단추를 달고 겉에 장식 단추를 단다.

남아 복대

필요한 재료	110cm 폭 공단 1/2마, 실크심, 똑딱단추(실물 크기의 패턴 활용)
키	90과 100 공통, 110, 120
재단하기	❶ 옷감을 식서 방향으로 2/3, 1/3로 나눠 접어 패턴을 그림처럼 놓는다. ❷ 초크(또는 실표 뜨기)로 패턴을 그린 후 재단한다. ❸ 주름 부분, 창구멍을 원단에 표시한다.(창구멍은 B부분에서 한 곳에만 표시한다.) ❹ 시접은 전체 0.5cm로 한다. ❺ 실물 패턴에서 남아 복대 A, A-1, B를 사용한다.

재단

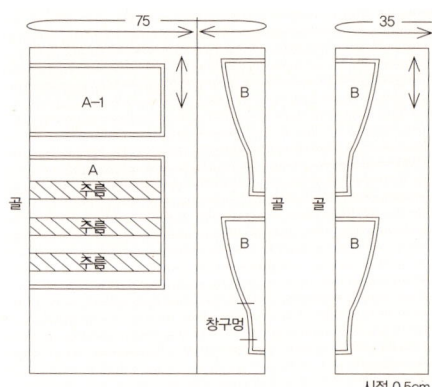

바느질 팁 1

시접 처리법

옷을 만들다 보면 원단의 종류나 옷에 따라 시접을 달리해야 할 때가 있다. 미리 익혀두면 바느질이 훨씬 쉬워진다.

1. 가름솔
원단의 완성선을 따라 박은 다음 시접을 양쪽으로 갈라서 다리는 방법으로 원단 끝을 박음 전에 미리 오버로크 처리를 한다. 모직물, 면직물 등 기타 두꺼운 원단에 이용된다.

2. 통솔
시접이 안이나 겉에서 보이지 않도록 완전히 싸는 방법으로, 얇고 비치는 원단에 이용된다.

3. 쌈솔
완성선을 따라 박음질 후 한쪽 시접이 다른 한쪽 시접을 감싸 눌러 박는 방법으로, 튼튼하기 때문에 운동복, 아동복, 와이셔츠 등에 많이 이용된다.

4. 바이어스 테이프 정리
단 끝을 깔끔하게 정리 또는 포인트를 주고자 할 때 이용되는 방법으로, 점퍼나 고급 원단에 이용된다.

주름 만들기

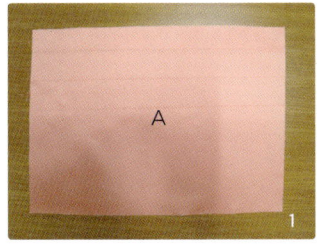 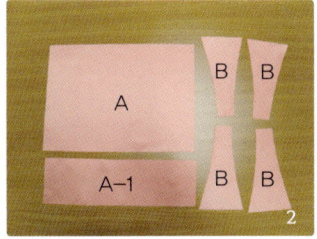  

1, 2 0.5cm 시접을 주어 재단하여 A와 두 번 재단한 B 원단에만 실크심을 붙인다.

3, 4 재단한 A를 사진과 같이 주름 부분을 절반으로 접히도록 다림질한다.

5 주름선을 따라 박음질한다.

6 두 번째 주름 역시 절반을 접어 다림질한 다음 박는다.

7 3번째 주름도 같은 방법으로 박음질한다.

8 주름은 아래로 다림질한다.

합폭하기

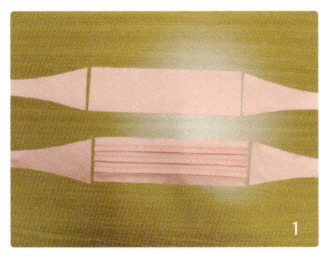 

1 다림질한 A를 포함하여 사진처럼 놓는다.

2, 3 사진과 같이 겉과 겉이 마주 보도록 놓은 다음 박음질한다.

 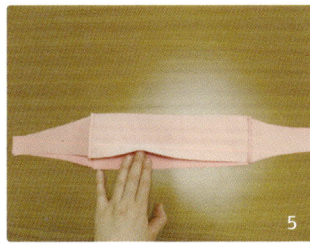 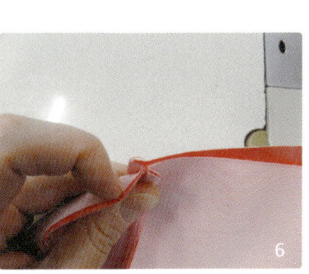

4 박음질한 다음 사진에서 위쪽은 A-1을, 아래쪽은 B를 향하도록 시접을 다린다.

5, 6 겉과 겉이 마주 보게 놓은 다음 옆선을 잘 맞추어 고정시킨다.

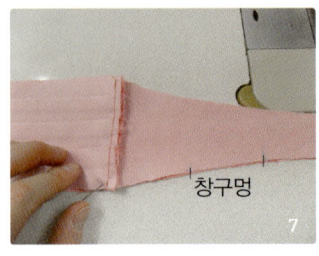 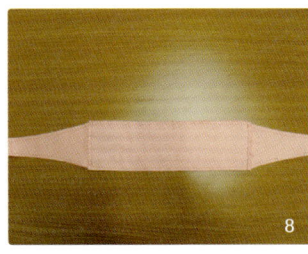 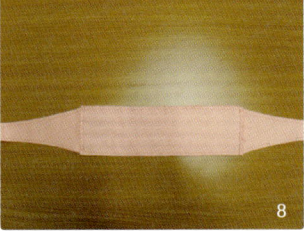 

7, 8 창구멍은 B의 아랫부분으로 사진과 같이 표시한 다음 박음질한다.

9, 10 모서리 시접은 사진처럼 대각선으로 자른 다음 뒤집는다.

 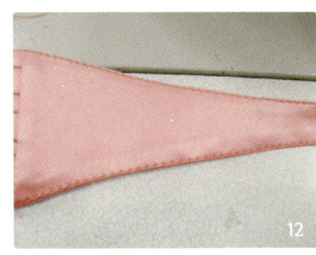 

11, 12 창구멍은 공그르기로 막은 다음 외곽선 상침을 준다

13 똑딱단추를 달아준다.

남아 보우 타이

필요한 재료	110cm 폭 공단 1/4마, 1cm폭 리본 공단 1마(실물 크기의 패턴 활용)
키	90
재단하기	❶ 옷감을 식서 방향으로 두고 패턴을 그림처럼 놓는다. ❷ 전체 시접은 0.5cm로 재단한다. ❸ 실물 패턴에서 남아 보우 타이 A, B, C를 사용한다.

재단

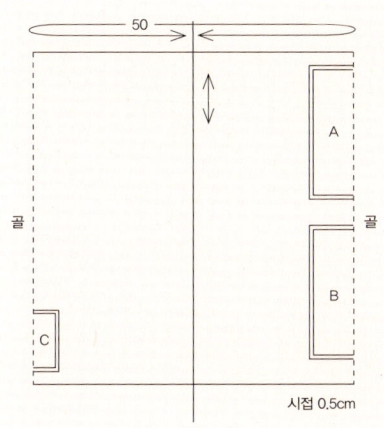

바느질 팁 2

패턴 배치법
옷을 만들기 위해 원단을 펼치고 처음으로 생각하는 부분으로, 패턴을 어떻게 하느냐에 따라 원단을 많이 아낄 수도 있고, 제작 후 완성도가 달라진다.

재단 시 패턴 배치법
1. 원단에 식서 방향을 표시하고 식서 방향에 맞게 배치하자.
2. 패턴은 안쪽에 배치하자.
3. 토끼털 같이 긴 털 원단은 털의 결방향을 아래로, 벨벳이나 코듀로이 같이 짧은 털 원단은 털의 결방향이 위로 향하게 하자.
4. 패턴은 큰 것부터 배치하고 사이사이에 작은 것을 배치하자.
5. 줄무늬 등 무늬가 있는 원단은 줄과 무늬를 맞추어 바르게 정리한 후 배치하자.

아래 리본 만들기

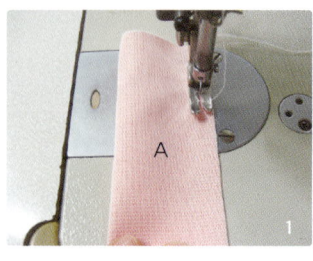

1 재단한 리본감 모두 실크심을 붙이고 먼저 리본감 A를 길게 박음질하고 뒤집는다.

2 시접이 가운데 오도록 4등분하여 중심을 향해 접어서 다림질한다.

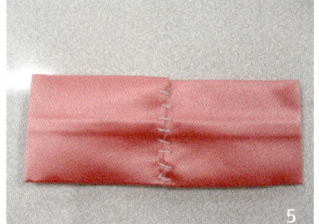

3, 4, 5 손 바늘로 고정시킨다.

윗 리본 만들기

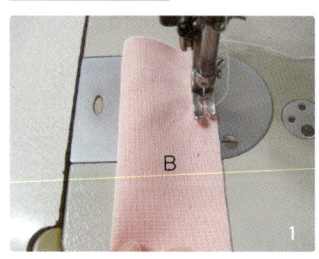
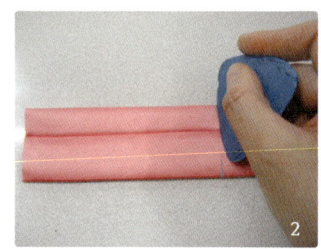
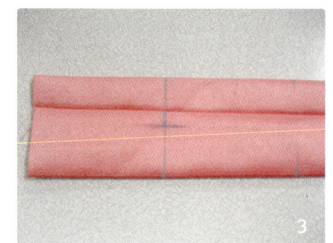

1 리본감 B를 반 접어 박음질한 후 뒤집는다.

2 시접이 가운데 오도록 다림질하고 중심을 표시한다.

3 중심을 기준으로 좌우로 가운데를 표시하고 사진과 같이 너비의 중심도 표시한다.

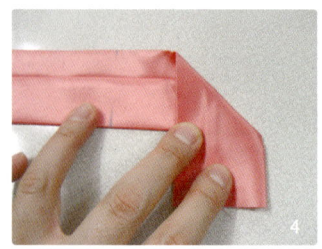

4 사진처럼 대각선으로 접는다.

5, 6 끝이 중심에 맞도록 사진과 같이 한번 더 접는다.

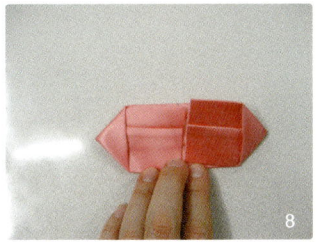

7 다른 쪽 편은 위의 방법대로 반대 방향이 되도록 접어준다.

8 접어 다림질한 다음 아래 리본처럼 손 바늘로 고정시킨다.

리본 완성하기

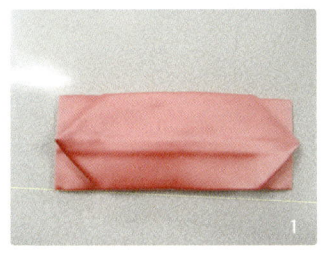

1 리본 위에 윗 리본의 중심을 맞춰 올린다.

2, 3 사진처럼 손으로 중심을 눌러 실로 고정시킨다.

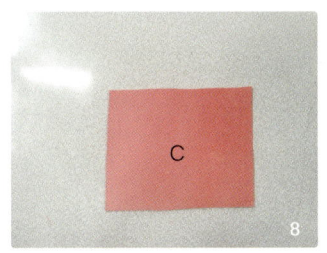

4, 5 리본감 C에 실크심을 붙인 다음 반 접어 박는다.

6 뒤집어 다림질한다.

7 만든 리본감을 사진과 같이 감싸준다.

8, 9, 10 리본 공단을 넣어 감싼 다음 공그르기 한다.

엄마 드레스

필요한 재료	110cm 폭 흰 공단 3마, 110cm 폭 빨간 공단 1/2마, 장식 구슬, 콘솔지퍼, 핀대(실물 크기의 패턴 활용)
키	55, 66, 77
재단하기	① 옷감을 식서 방향으로 반 접어 패턴을 그림처럼 놓는다. ② 초크(또는 실표 뜨기)로 패턴을 그린 후 재단한다. ③ 요요와 리본감은 시접 없이, 나머지는 1cm 시접으로 재단한다. ④ 실물 패턴에서 엄마 드레스 상의, 스커트, 요요, 뒷 리본을 사용한다.

제도법(실물 패턴 외 제도법)

재단

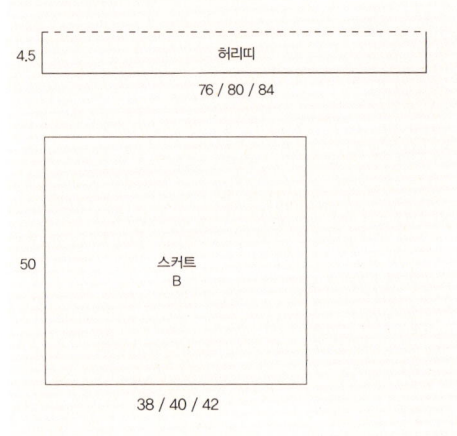

TIP
뒷 지퍼가 들어갈 부위의 길이는 위에서부터 50cm 로 한다.

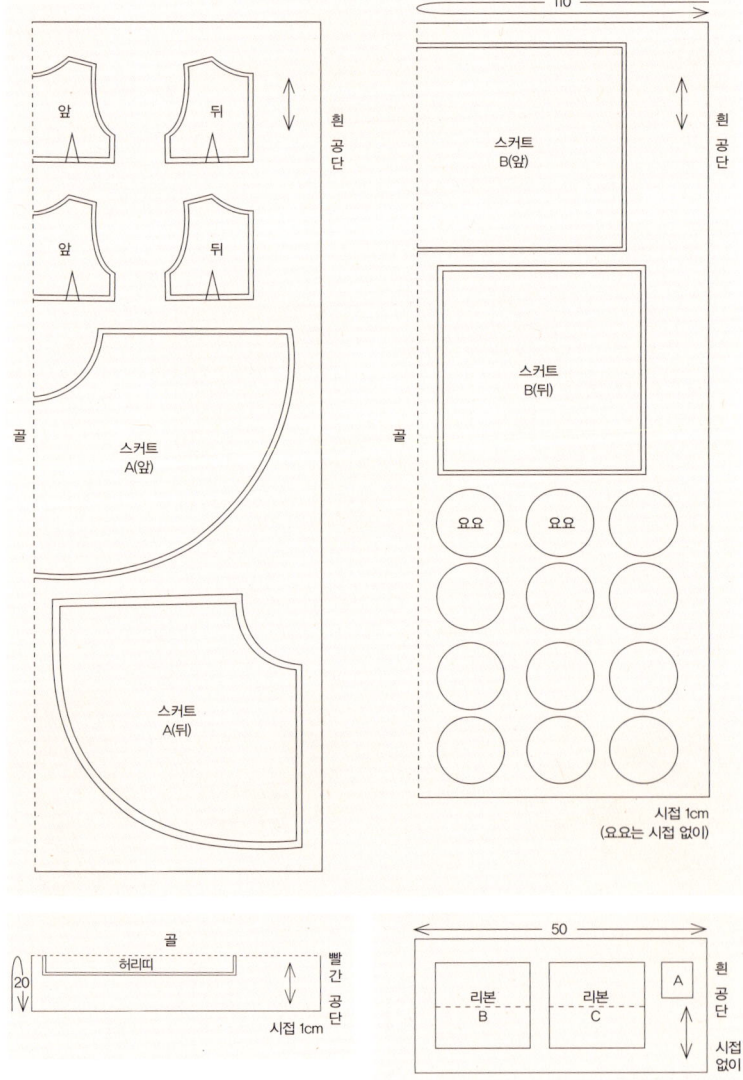

다트 박기

  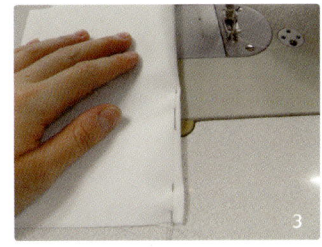

1, 2 앞, 뒤판의 다트를 원단에 표시한다.

3 원단 안쪽이 보이도록 다트를 반으로 접어 실크핀으로 고정한다.

 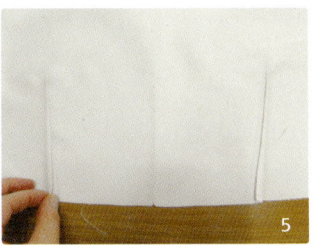

4 다트 끝부터 박음질한다.

5 다트 시접이 중앙을 보도록 다림질한다.

몸판 만들기

1 앞, 뒤판 어깨 부위의 겉과 겉면이 마주 보도록 놓는다.

2 어깨 부분을 완성선 따라 박음질한다.

3, 4 어깨를 박음질한 겉지와 속지를 사진과 같이 겉과 겉면이 서로 마주 보도록 놓고 목 부분을 실크핀으로 고정시킨다.

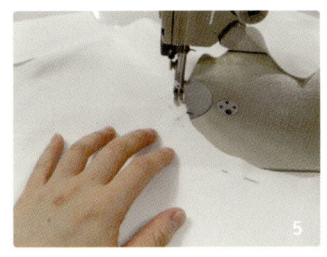  

5 목 부분의 완성선을 따라 박음질한다.

6 시접을 0.5cm 남기고 자른 다음 곡선 부분에 가위 집을 넣는다.

7 목 부분의 시접을 속감 쪽으로 꺾어 사진과 같이 상침한다.

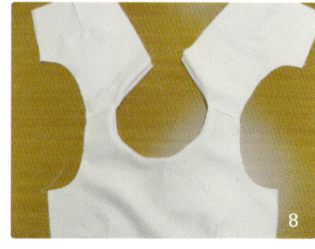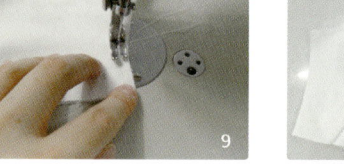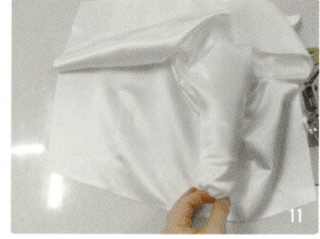

8, 9 다시 안쪽 면이 보이도록 뒤집은 다음 진동 부위 곡선만 완성선을 따라 박음질하고 시접을 0.5cm만 남기고 자른다.

10, 11 앞판 어깨 사이에 손을 넣어 뒤판을 잡아 당긴다.

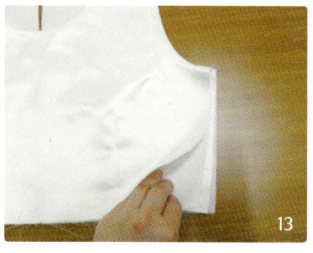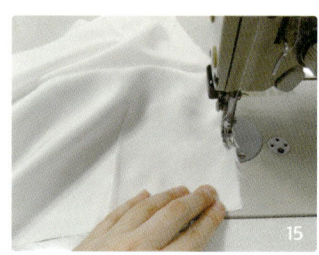

12 곡선 부위가 보기 좋게 되도록 전체적으로 다림질한다.

13, 14 옆선 부분을 서로 맞추어 속감의 앞 뒤판의 옆선을 손으로 잡은 다음 겉감의 옆선을 위로 올린다.

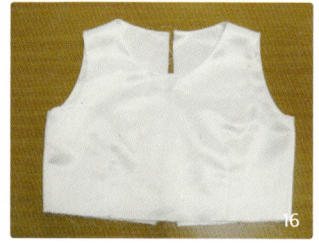

15, 16 완성선을 따라 옆선을 박음질한 다음 다림질한다.

치마 만들기

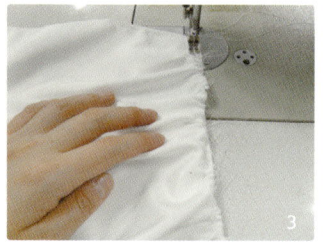

1 곡선으로 재단된 A 스커트의 옆선을 맞춘다.

2 A 스커트와 B 스커트의 옆선을 각각 박음질한다.

3 A, B 스커트 모두 허리 부분을 주름 잡는다.

 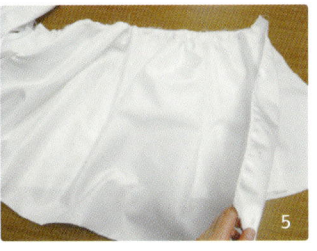 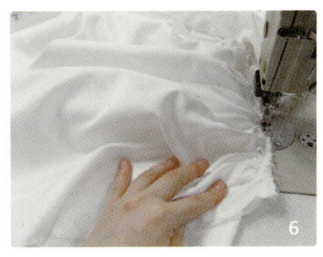

4, 5 A 스커트의 겉과 몸판의 겉이 마주 보도록 놓고 박음질한다.

6 그 위에 주름 잡은 B 스커트를 놓고 완성선을 따라 다시 한번 박음질한다.(박음질 후 시접은 오버로크 처리한다.)

 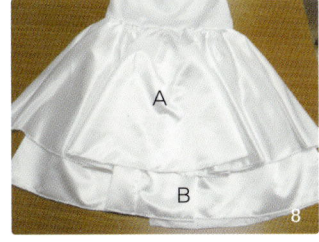 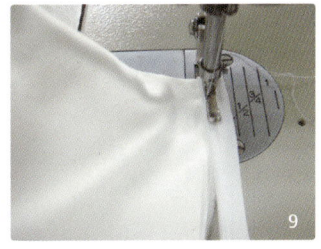

7 스커트의 밑단은 각각 오버로크로 처리한 다음 완성선을 맞춰 접은 다음 박음질한다.

8 스커트를 박은 모습은 사진과 같다.

9 뒷중심에 지퍼 부위를 제외하고 박은 다음 콘솔 지퍼를 단다. (지퍼 길이 50cm)

허리띠 만들기

1 재단된 끈은 안쪽 면이 보이도록 길게 접은 다음 긴 한쪽 면만 박음질한다.

2, 3 뒤집어 다림질한다.

 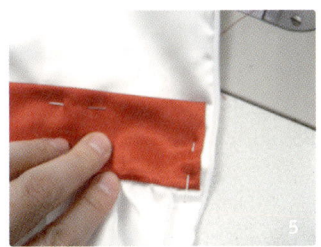 

4 허리선 위쪽으로 길이를 맞춰 고정시킨다.

5 지퍼쪽 끈 시접을 안으로 접어 핀으로 고정시킨 다음 가늘게 박는다.

6 옆선에서 끈이 고정되도록 같은 색 실로 옆선을 따라 끈 위에 박음질한다.

TIP
요요 만들기는 p.134~135를 참고한다.

157

리본 만들기

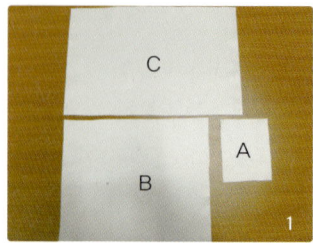  

1 재단한 리본감 모두 안쪽 면에 실크심을 붙인다.

2 A부터 길게 반으로 접어 긴 면만 0.5cm 시접으로 박음질한다.

3 B 역시 길게 반으로 접어 창구멍을 표시하여 창구멍을 제외하고 박음질한다.

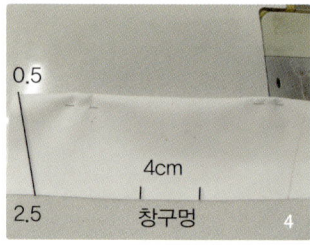  

4 C는 반으로 접어 양옆에 사선을 그리고 창구멍을 표시한다.

5, 6 창구멍을 제외하고 박음질한 다음 시접을 0.5cm 남기고 자른다.

7, 8 박음질한 사각형 모두 뒤집어 다림질하고 창구멍은 공그르기 한다.

9, 10 사각형 B와 C를 손으로 접은 다음 실로 고정되도록 묶는다.

11 리본을 A로 감싼 다음 핀으로 고정시켜 공그르기 한다.

남아 바지

필요한 재료	110cm 폭 모직 1마, 2.5cm 너비 고무줄 1마(실물 크기의 패턴 활용)
키	90(5부, 7부)
재단하기	❶ 옷감을 식서 방향으로 반 접어 패턴을 그림처럼 놓는다. ❷ 초크(또는 실표 뜨기)로 패턴을 그린 후 재단한다. ❸ 시접은 바지 밑단만 4cm, 나머지는 1cm로 그린다. ❹ 실물 패턴에서 남아 바지, 허리띠를 사용한다.

재단

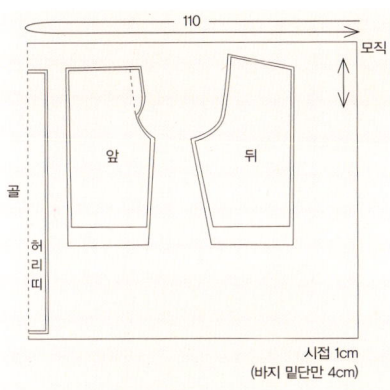

바느질 팁 3

완성선 표시법

패턴을 원단에 고정시킨 다음 고민하는 부분이 완성선 표시이다. 본인이 제작하기 쉬운 방법을 선택하는 것이 좋다. 그러나 옅은 원단에 초크를 너무 진하게 사용하여 제작 후 완성선이 비치는 일은 없도록 하는 것이 좋다.

패턴 완성선 표시법

1. 완성선 표시법으로는 초크, 룰렛, 트레이싱 페이퍼, 실표 뜨기 등이 있다.
2. 분필 초크 사용 시엔 깎아서 선을 가늘게 표시하자.
3. 흰 옷감인 경우에는 색 초크를 사용하면 겉에 표가나기 쉬우므로 실표뜨기를 하는 것이 좋다.
4. 실표 뜨기는 직선일 경우 길게, 곡선일 경우 좁게 뜨고, 원단이 얇은 것은 한 올, 두꺼운 것은 두 올로 하자.

바지 앞뒤 연결하기

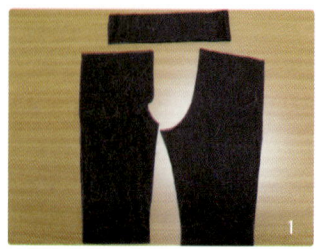  

1 사진과 같이 재단한다.

2 뒤판의 겉과 겉이 마주 보도록 놓은 다음 밑위 부위만 박음질한다.

3 앞판의 겉과 겉이 마주 보도록 놓고 완성선을 따라 밑위 부위만 박음질한다.

   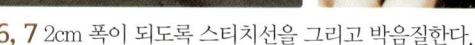

4, 5 사진과 같이 중심을 살짝 다림질한 다음 입었을 때 왼쪽으로 시접을 넘겨 다린다.

6, 7 2cm 폭이 되도록 스티치선을 그리고 박음질한다.

  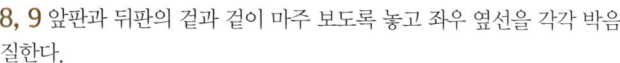  

8, 9 앞판과 뒤판의 겉과 겉이 마주 보도록 놓고 좌우 옆선을 각각 박음질한다.

10, 11 밑 아래를 고정시킨 다음 박음질한다.

벨트 달고 마무리하기

1 재단한 벨트감을 겉과 겉이 마주 보게 반 접어 박음질한다.

2 바지 안쪽 면에 벨트 안쪽 면이 보이도록 놓고 박음질한다.

3, 4 바지를 겉으로 뒤집은 다음 벨트 시접을 접어 박음선에 맞춘다.

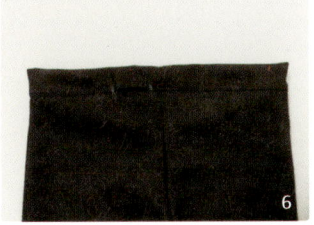

5, 6 고무줄이 들어갈 창구멍을 4cm 정도 남기고 벨트 아래쪽을 가늘게 박음질한다.

7, 8 고무줄을 넣어 박음질한다.

9 창구멍을 박아준다.

10 밑단을 오버로크로 처리한 다음 접어 올려 다림질하고 박는다.

아빠 조끼

필요한 재료 110cm 폭 나염 공단 1마, 110cm 폭 조끼 단색 공단 1마, 실크심, 고리 2개, 단추 3개 (실물 크기의 패턴 활용)

사이즈 95, 100, 105

재단하기
1. 옷감을 식서 방향으로 반 접어 패턴을 그림처럼 놓는다.
2. 초크(또는 실표 뜨기)로 패턴을 그린 후 재단한다.
3. 주머니만 시접 0.5cm로 하고 나머지 시접은 1cm로 한다.
4. 실물 패턴에서 아빠 조끼 상의, 주머니를 사용한다.

제도법(실물 패턴 외 제도법)

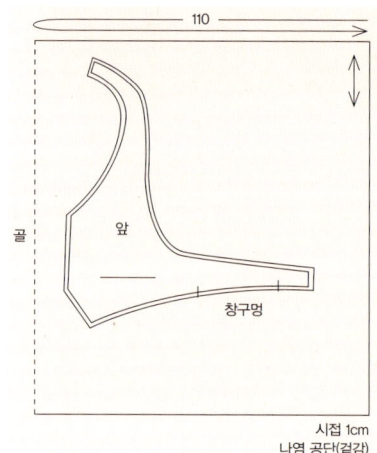

시접 1cm
나염 공단(겉감)

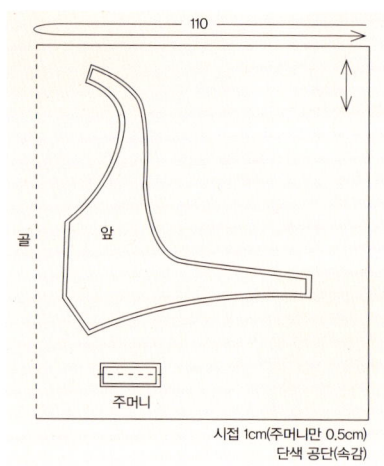

시접 1cm(주머니만 0.5cm)
단색 공단(속감)

주머니 달기

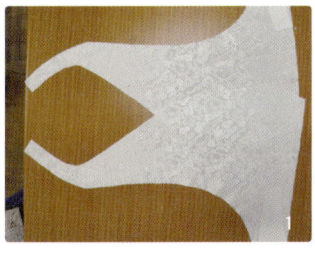

1 앞재단한 겉감의 안쪽에 실크심을 전체 붙인다.

2 재단한 주머니감 안쪽에 실크심을 붙인다.

3 주머니는 길게 반으로 접은 다음 양 옆을 완성선을 따라 박음질한다.

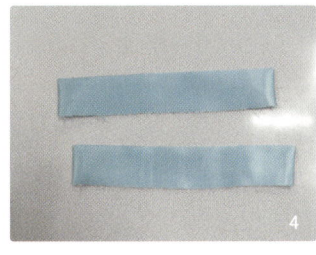

4 모서리 시접을 대각선으로 자른 다음 뒤집어 다림질한다.

5, 6 아래쪽을 오버로크 처리한 다음 주머니선에 맞추어 사진과 같이 아래로 뒤집는다.

7 0.5cm 간격으로 오버로크 선따라 박음질한다.

8 위로 접어 올려 다림질한다.

9 사진과 같이 위쪽을 제외한 3면을 상침한다.

합폭하기

 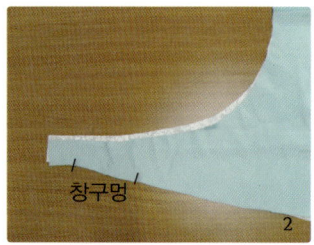 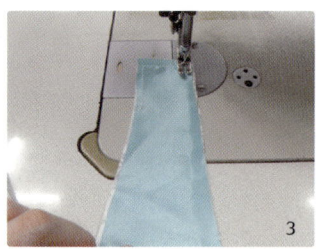

1, 2 겉감과 속감의 겉과 겉이 마주보도록 놓은 다음 창구멍을 표시한다.

3 완성선을 따라 박음질한다.

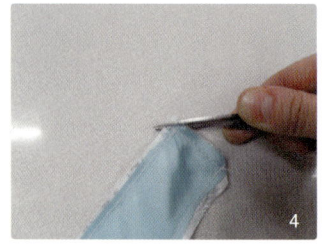 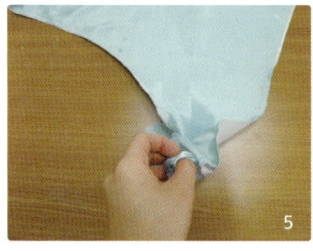 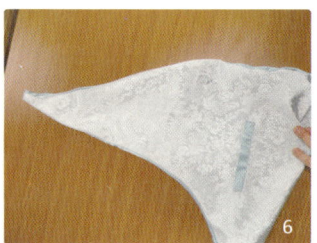 

4 시접을 전체 0.5cm로 잘라 정리하고 모서리는 대각선으로 자른 후 다린다.

5, 6 창구멍으로 뒤집어낸다.

7 전체를 다림질한 후 창구멍을 공그르기로 막는다.

 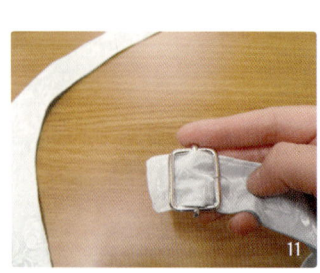 

8 0.5cm 간격으로 전체 외곽선을 박음질한다.

9, 10 입었을 때 왼쪽이 위로 겹쳐지도록 하여 단추 부위를 핀으로 고정시킨 다음 단추를 달아준다.

11, 12 고리를 허리와 목 부분 한 쪽 끈에 끼워 각각 2cm 정도 접어 박음질로 고정한다.